백제왕조실록 1

온조왕~무령왕 편

차례
Contents

들어가며 **3**

일러두기 · 이 책에 표기된 연도 중 기원전이 아닌 연도는 편의상 '서기'를 생략했다.
· 이 책의 날짜는 모두 음력이다.

들어가며

백제는 동아시아의 강대국 고구려와 수백 년 동안 대등하게 맞섰을 만큼 강력한 나라였다. 그럼에도 불구하고 백제는 실제의 위상에 걸맞은 비중을 인정받지 못하는 듯하다. 그렇게 된 이유는 지금까지 남아 있는 고대사의 기록 자체, 또 이런 기록을 이용하여 복원한 고대사 연구 성과가 백제를 제대로 평가해주지 않고 있기 때문이다.

먼저 백제를 멸망시키고 이를 정당화해야 할 처지에 있던 신라가 남긴 기록이 한국 고대사를 복원할 기본 사료(史料)가 될 수밖에 없었다는 점이 첫 번째 원인이다. 이와 같은 정서가 현재 남아 있는 고대사 사료에도 반영되어 있다. 백제 역사를 전체적으로 보여주는 유일한 기록인 『삼국사기(三國史記)』 「백제본기(百濟本紀)」에, 중요한 업적을 남겼던 백제 왕들에 대한 기록이 결정적인 시기마다 대거 빠져 있는 현상이 그러한 사례 중 하나다.

신라의 뒤를 이은 고려 왕조에서도 고구려 계승의식과 신라 계승의식은 있었지만, 백제를 이으려는 생각은 없었다. 오히려 고려 왕조와 끝까지 경쟁했던 후백제에 대한 경계심 때문에 백제의 역사를 강조할 계승의식이 자리 잡을 여지조차 없었다.

고려를 이은 조선 왕조에서는 특별히 백제 역사를 깎아내리려는 의도는 없었지만, 그렇다고 백제의 위상을 되찾아주는 측면 또한 나타나지 않았다. 그러던 중 일제강점기에 백제의 역사는 결정타를 맞았다. 이때 요즘의 백제 인식을 사실상 완성시켰다고 할 수 있는 역사 조작이 이루어졌던 것이다.

그 뿌리는 백제와 관련된 왜(倭)의 위상을 적어놓은 일본 최초의 정사(正史), 『일본서기(日本書紀)』에 닿아 있다. 『삼국사기』와 함께 백제 역사를 복원하는 데 참고하지 않을 수 없는 역사서 『일본서기』는 황당하다고 할 정도로 신뢰할 수 없는 기록투성이다. 그중에서도 백제와 왜의 위상에 관한 내용은 대부분의 전문가들이 신뢰하지 않을 정도로 앞뒤가 맞지 않고 비현실적인 것들이 대부분이다. 이러한 현상은 이른바 '황국사관(皇國史觀)'에 입각하여 천황의 위상을 실제와 다르게 높여놓으려는 과정에서 생겨났다고 본다.

원 사료가 이렇게 왜곡되어 있다 보니 『일본서기』는 상대적으로 백제의 위상을 심하게 깎아내릴 수밖에 없는 구조가 되었다. 근대 일본제국주의자들은 이러한 성향을 십분 이용했다. 이는 일본제국주의가 한국인들에게 심으려 했던 식민사학과도 관련이 깊다.

일제는 한국의 역사가 전통적으로 외세에 종속되어온 허약한 세력의 역사라는 인식을 심고자 했다. 그랬기에 역사의 시발점이자 일본 천황제의 기반이 잡힌 고대사 또한 이런 의도에서 벗어나 쓰일 수가 없었다.

오히려 고대사는 다른 시대보다 더 큰 비중을 두어 왜곡해야 했다. 일제는 기반을 잡아가던 일본 천황 아래에 주변 세력이 복속되어 있던 역사로 고대사를 서술했다. 이런 의도가 동아시아의 고대 정세와 맞물려 백제 역사를 심하게 짓밟을 수밖에 없는 이유가 되었다.

다른 나라보다 백제의 위상을 유독 심하게 짓밟아야 했던 내막은 이렇다. 동아시아에서는 4세기를 전후하여 고구려가 북방의 강자로 성장하고 있었으며, 고구려의 팽창에 맞서 남쪽에서는 백제-가야-왜로 연결되는 대항 세력이 형성되어

가고 있었다. 4세기의 국제 정세가 이처럼 분명하게 드러나는 데 비해, 고구려에 대항하는 중심 세력을 어느 나라로 보느냐에 대해서는 아직도 논란이 심하다.

일본 측에서는 당연히 그 중심에 왜를 놓고자 했다. 이럴 경우 멸망할 때까지 통합이 되지 않아 강력한 세력이 되지 못했던 가야는 일단 제외된다. 그러면 백제와 왜 중 하나였다는 이야기가 되는데, 왜를 띄우기 위해서는 당연히 백제를 허약한 세력으로 만들어야만 한다.

그런 김에 한국 고대사의 초기 역사는 모두 조작된 것으로 몰았고, 특히 백제는 근초고왕(近肖古王)이 세운 나라라고 결론지어버렸다. 그리하여 근초고왕은 신생 독립국 백제를 지키기 위해 왜의 후원을 받아야 했던 왕이라는 식으로 만들어갔다. 대한민국 주류 학계 역시 근초고왕 대신 고이왕(古尔王)을 실질적인 시조로 보는 정도의 차이는 있으나, 그 이전의 역사를 조작으로 모는 태도에는 별 차이가 없다.

이런 시각은 백제와 왜의 위상을 판단하는 데 결정적인 영향을 준다. 그 대표 사례 중 하나가 근초고왕 때인 369년, 백제와 왜가 연합하여 가야 지역을 평정한 사실이다. 일본 골수 식민사학자는 이때 근초고왕이 왜의 하수인 정도 역할을 했다고 보려 하며, 그보다 온건한 일본 학자나 대한민국 주류 학계도 이때의 사건이 존재하지 않았다고 보려 한다.

이러한 시각은 근초고왕 이후의 역사를 복원하는 데 심각한 영향을 준다. 이 같은 시각으로는 백제의 위상을 높이 평가해줄 수가 없기 때문이다. 그렇기에 이런 시각이 어느 정도 타당성을 가지고 있는지 백제의 역사를 차분하게 정리해봐야 한다.

그런데 일제 식민사학자나 대한민국 기성 사학계의 시각과 달리 강력한 백제의 위상을 암시하는 여러 정황이 있다. 무엇보다 왜가 당시 고구려에 대항하는 세력의 중심이었다면 대립 구도가 고구려와 왜를 중심으로 성립되어야 하는데, 고구려 쪽에서 왜에 관해 언급한 기록이 별로 없다. 반면 4세기 이후 백제와 분쟁은 자주 나타나며, 백제를 '백잔(百殘)'이라 부를 만큼 증오가 강하게 표현되어 있다.

백제는 고구려의 침공에 시달리며 수도까지 옮기는 수모를 겪었지만, 뒤집어 말하면 그만큼 고구려가 백제를 집중 공략해야 할 필요가 있었다는 뜻이기도 하다. 더욱이 백제는 고구려의 집중 공세를 극복하고 나라의 명맥을 이어갔다. 그러면서 재기의 발판까지 마련하고 있었다. 그리고 5세기 후반부터 고구려 세력이 퇴조하자 백제는 다시 동아시아 남부의 주도권 장악에 나섰다. 『백제왕조실록』 1권에서는 주로 이러한 내용을 다룬다.

제1대 온조왕

백제의 시조는 누구일까?

한국 고대국가의 역사 중에서 가장 많은 논란을 불러일으키는 나라답게, 백제는 당장 나라를 세운 시조부터가 논란거리다. 백제의 시조는 당연히 온조(溫祚)로 알고 있는 경우가 많지만, 내막을 살펴보면 그리 간단하지만은 않다.

우선 온조의 형이라고 되어 있는 비류(沸流)를 시조로 보는 학설이 있다. 이에 더하여 구태(仇台) 또한 백제 시조의 후보로 올리기도 한다. 여기에 일본의 역사서인 『속일본기(續日本記)』에는 도모(都慕)라는 인물을 시조라고 써놓았다.

물론 구태와 도모를 백제의 시조로 인정하는 경우는 별로 없다. 보통 구태는 비류·온조 형제의 아버지인 우태(優台)와 동일 인물로 여긴다. 그렇더라도 그를 백제 시조로 꼽기에는 무리가 따른다. 일단 '백제는 부여(夫餘)에서 나왔으며, 구태가 처음으로 대방(帶方)에 나라를 세웠다'는 중국 사서(史書)에 나타나는 내용을 믿어주기가 어렵다. 한(漢)의 요동태수(遼東太守) 공손도(公孫度)의 사위가 되었다는 부여 왕 위구태(尉仇台)와 혼선을 일으킨 흔적이 뚜렷하기 때문이다. 신뢰하기 어려운 『속일본기』에 설화 형태로 나오는 도모를 시조로 인정하기도 곤란하다.

그렇기 때문에 실질적인 시조 후보는 온조와 비류만 남는 셈이다. 그런데 이 논란은 백제의 계보와 관련이 깊다. 당장 온조의 아버지부터 문제가 되기 때문이다. 『삼국사기』 「백제본기」에는 온조왕의 아버지가 주몽(朱蒙: 또는 추모鄒牟)이라고 되어 있다. 그런데 「백제본기」 본문과 달리 주석에서는 다른 사람을 지목하고 있다. 그리고 이는 백제의 시조를 온조가 아닌 비류로 지목한 문제와 직결된다. 백제의 시조를 비류라하면서 이 형제의 아버지를 북부여(北夫餘) 왕 해부루(解扶婁)의 서손(庶孫)인 우태(優台)라고 기록해놓은 것이다.

온조가 백제의 시조이며 주몽의 아들이라는 『삼국사기』 본문 내용은 이렇게 요약할 수 있다. 고구려 시조 주몽은 북부여에서 졸본부여(卒本扶餘)로 피난 와서, 졸본부여 왕의 딸을 부인으로 맞아 비류·온조 두 아들을 낳았다. 그리고 왕이 죽자 주몽이 왕위를 이었다. 그런데 북부여에 있을 때 낳은 아들이 찾아와 태자가 되자, 비류와 온조 형제는 그에게 "용납되지 못할까봐" 오간(烏干)·마려(馬黎) 등 10명의 신하와 함께 남쪽으로 도망가서 나라를 세웠다.

이때 비류는 바닷가에 자리 잡겠다는 생각으로 미추홀(彌鄒忽: 지금의 인천으로 추정하는 경우가 많다)에, 온조는 위례(慰禮: 지금의 서울 지역)에 자리를 잡았다. 이때 10명의 신하를 바탕으로 나라를 세워 이름을 십제(十濟)라 했고, 시기는 기원전 18년이었다고 한다. 미추홀은 지역이 좋지 않아 나라를 유지하는 데 곤란을 겪었다. 그래서 비류가 후회하다가 죽은 다음 신하와 백성들이 온조에 귀부(歸附)해 왔다. 이후 고구려에서 갈라져 나올 때 "백성들이 즐겨 따랐다[百姓樂從]"고 하여 나라 이름을 백제(百濟)로 고쳤다. 결국 온조가 백제의 시조라고 하는 셈이다.

『삼국사기』 주석에 실린 비류가 시조라는 내용도 대체로 비슷하지만 약간의 차이가 있다. 우선 비류와 온조 형제의 아버지가 "북부여 왕 해부루의 서손인 우태"라고 했다. 여기서는 졸본(卒本) 사람 연타발(延陀勃)의 딸 소서노(召西奴)라는 형제의 어머니도 강조된다. 소서노는 처음에 우태에게 시집가서 아들 둘을 낳았는데 큰아들은 비류라 하고 둘째는 온조라 했다. 우태가 죽자 소서노는 졸본에서 과부로 지냈다.

주몽은 나중에 부여에서 졸본으로 도망해 와서 소서노의 도움을 받아 고구려를 세웠다. 그래서 소서노를 왕비로 삼았다. 주몽은 나라를 세울 때 도와준 공을 잊지 않고 소서노의 아들들을 잘 대해주었으나, 부여에 있을 때 예씨(禮氏)에게서 낳은 아들 유류(孺留: 또는 유리瑠璃)가 오자 그를 태자로 삼아 왕위를 물려주었다. 그러자 비류는 동생과 함께 어머니 소서노를 모시고 남쪽 미추홀로 가서 백제를 세웠다.

여기서 비류·온조 형제의 친아버지를 누구로 보느냐는 문제와 백제의 시조가 누구였느냐는 점이 직결되어 있음을 알 수 있다. 온조를 시조로 보는 설화에서는 온조 자신이 비류와 함께 고구려 시조인 주몽의 친아들로 설정되어 있다. 백제를 세운 세력이 고구려 계통이었음을 강조한 셈이다.

반면 비류가 시조인 설화에서는 친아버지부터 부여 사람인 우태다. 어머니인 소서노도 졸본 사람이니 당연히 부여 사람이다. 이렇게 되면 백제를 세운 세력은 부여 계통이 된다. 고구려 시조인 주몽은 백제 시조의 새아버지에 지나지 않는다. 고구려와 백제 시조의 관계는 백제 시조의 어머니 소서노의 재혼으로 인하여 잠시 맺어진 인연에 불과한 것이다.

그렇기 때문에 비류를 시조라고 보면 부여 계통의 이주

민이 고구려를 거쳐 남쪽으로 내려와 백제를 세웠다는 이야기가 된다. 백제 왕족이 자기네 성을 '부여씨'로 자칭했다는 점, 개로왕(蓋鹵王)이 북위(北魏)에 보낸 국서에 백제는 "고구려와 더불어 근원이 부여에서 나왔습니다"라고 한 점, 성왕(聖王)이 일시적으로 나라 이름을 '남부여(南夫餘)'라고 한 점 등이 근거로 제시된다.

온조가 시조라고 보면 정치 분쟁에서 패배한 고구려 지배층의 일부가 남쪽으로 내려와 백제를 세웠다는 말이 된다. 백제인이 남긴 유물·유적이 고구려계에 가깝다는 점, 기원전 18년(온조왕 1) 5월 동명왕묘(東明王廟)를 세웠고, 이후 대대로 고구려 시조 주몽에게 제사를 지냈다는 사실이 근거로 추가된다.

그렇지만 아직은 백제의 계통을 확실하게 단정하기는 곤란하다고 보는 시각이 우세하다. 그래서 백제를 세운 집단은 '부여계 고구려 주민' 또는 '부여족 계통의 고구려 유민'이라는 식으로 애매하게 표현하는 경우가 많다.

백제의 세력 정비와 낙랑·말갈

백제의 계통에 대해서는 아직 논란이 있지만, 나라가 세워지는 과정은 어느 정도 윤곽이 잡힌다. 기원전 2세기 말에서 기원전 1세기에 걸쳐 철기 문화를 가진 북방계 집단이 한강으로 남하했다. 이러한 집단에 의해 마한(馬韓)의 소국(小國)들이 나타났다. 그런 와중에 고구려에 정착했던 부여계 유민이 고구려 안에서 벌어진 정치 분쟁에서 밀리며 남하했다. 그들이 주변의 여러 소국들을 병합하면서 결국 자신들보다 먼저 남하했던 세력까지 흡수하며 백제를 세운 것이다.

나라는 세웠지만 백제가 세력을 정비하는 과정이 순탄하지만은 않았다. 이를 반영하는 것이 기원전 17년(온조왕 2) 정월의 기록이다. 이때 온조왕은 "말갈(靺鞨)이 우리 북쪽 경계에 연접하여 있다. 이들은 용감하고 책략에도 밝으니, 군수물자와 무기를 잘 갖추고 식량을 비축하여 방어 계획을 세워야 할 것이다"라고 신하들에게 말했다 한다. 그리고 3월에 온조왕은 지식과 담력이 있다는 이유로 재종숙부(族父) 을음(乙音)을 우보(右輔)로 삼고 군사 업무를 맡겼다.

기원전 16년(온조왕 3) 9월, 말갈이 북쪽 경계를 침범해 왔다. 온조왕은 정예 병력을 동원하여 기습해서 크게 이겼다. 살아 돌아간 적병이 10분의 1 정도였다. 10월에 우레가 치고, 복숭아꽃과 오얏꽃이 피는 이변이 있었다.

다음 해에도 재앙이 닥쳤다. 기원전 15년(온조왕 4), 봄과 여름에 가물어 기근이 들고 전염병이 돌았던 것이다. 국내외로 어려운 상황이 생기면서, 8월에는 사신을 낙랑(樂浪)에 보내 우호관계를 맺었다.

낙랑과 관계를 안정시켜놓은 다음 해인 기원전 14년(온조왕 5) 10월, 왕은 북쪽 변방을 돌아보며 백성들을 위문했다. 이때 사냥하다가 신비스러운 사슴[神鹿]을 잡았다. 기원전 13년(온조왕 6) 7월 그믐에는 일식(日食)이 있었다.

기원전 11년(온조왕 8)에 다시 말갈과 충돌이 벌어졌다. 그 해 2월 3,000명의 말갈군이 침공해 와서 위례성(慰禮城)을 포위했다. 온조왕은 성문을 닫고 농성하다가, 열흘이 지나 양식이 다 떨어진 말갈군이 철수하는 틈을 타 추격에 나섰다. 이때 정예병을 뽑아 대부현(大斧峴)까지 추격해서 전투를 치렀다. 이 전투에서 이기며, 500여 명을 죽이거나 사로잡는 전과를 올렸다.

이 전투를 치르고 난 후, 7월에 마수성(馬首城)을 쌓고 병산책(甁山柵)을 세웠다. 그러자 낙랑태수(樂浪太守)가 사자(使者)를 보내 항의했다. "근래에 우호를 맺어놓고, 지금 우리 영토 근처에 성과 목책을 세우는 것은 혹시 영토에 야욕을 가지고 있기 때문인가? 우호를 저버리지 않고 성과 목책을 철거한다면 의심할 여지가 없겠지만, 그게 아니라면 전쟁을 치러야 할 것이다"라는 논지였다.

낙랑 측의 항의에 온조왕은 이렇게 회답했다. "요새를 설치하여 나라를 지키는 것은 예나 지금이나 당연한 일인데, 이를 핑계로 우호관계가 깨어져야 하는가. 이는 의심할 일이 아닌 것 같다. 만일 그쪽이 강하다고 전쟁을 일으킨다면 우리나라[小國]도 대응할 수밖에 없다." 결국 이를 기화로 백제와 낙랑의 우호관계는 깨졌다. 이후 백제는 그 역사에서 무시할 수 없을 만큼 낙랑·말갈과 많은 분쟁을 치러야 했다.

기원전 9년(온조왕 10) 9월, 왕이 사냥을 나가서 신비로운 사슴[神鹿]을 잡자 이를 마한에 보냈다. 다음 달인 10월, 말갈이 북쪽 국경 방면으로 침략해 와 노략질을 했다. 온조왕은 200명의 병사를 보내 곤미천(昆彌川) 가에서 막았다. 이 병력이 패배하여 청목산(靑木山)에 의지한 채 수세에 몰리자, 온조왕은 친히 정예 기병 100명을 거느리고 봉현(烽峴)으로 구원에 나섰다. 말갈 측에서는 이를 보고 곧 물러갔다.

다음 해인 기원전 8년(온조왕 11) 4월, 낙랑의 사주를 받은 말갈이 습격해 왔다. 이전에 문제가 되었던 병산책을 파괴할 목적이었다. 이 과정에서 백제 측은 100여 명이 죽거나 포로가 되는 희생을 치렀다. 그러자 백제는 7월에 독산책(禿山柵)과 구천책(狗川柵)이라는 목책 두 개를 더 세워 낙랑과 통로를 차단해버렸다.

기원전 6년(온조왕 13) 2월에 수도[王都]에서 늙은 할멈[老嫗]이 남자로 변하고, 범 다섯 마리가 성안으로 들어오는 이변이 일어났다. 그리고 온조왕의 어머니가 61세의 나이로 죽었다. 이런 일을 겪은 후인 5월, 온조왕은 신하들에게 다음과 같이 선언했다.

우리나라의 동쪽에는 낙랑이, 북쪽에는 말갈이 있어 침략해 오니 나라가 편안하지 못하다. 하물며 요즈음 요망한 징조가 자주 나타나고, 국모(國母)가 돌아가시는 일까지 일어나니 시국이 편안하지 않다. 그러니 반드시 도읍을 옮겨야겠다. 내가 어제 순행을 나가 한수(漢水: 한강) 남쪽을 보니 땅이 기름지다. 그곳에 도읍을 정하여 오랫동안 안정을 취할 수 있는 방법을 찾아야 하겠다.

그러고는 7월에 한산(漢山) 아래로 나아가 목책을 세우고 위례성의 민가들을 옮겼다. 8월에 사신을 마한에 보내 도읍을 옮긴 사실을 알렸다. 이를 통해 일단 백제의 강역이 정해졌다. 북쪽으로는 패하(浿河), 남쪽으로는 웅천(熊川), 동쪽으로는 주양(走壤)이 경계가 되었고, 서쪽으로는 바다에 이르기까지 백제의 영역이었다. 9월에 왕성과 왕궁을 지었다.

기원전 5년(온조왕 14) 정월에 도읍을 옮겼다. 2월에 온조왕은 부락들을 돌며 위문하고 농사를 장려했다. 천도로 인한 혼란을 무마하려는 의도였던 것 같다. 그러고도 지역 균형을 맞추기 위해, 7월에는 한강 서북쪽에 성을 쌓고 한성(漢城)의 백성 일부를 나누어 그쪽으로 이주시켰다. 기원전 4년(온조왕 15) 정월에 새 궁실을 지었는데, 검소하되 누추하지 않고 화려하되 사치스럽지 않았다고 한다.

천도와 함께 나라 안을 정비하던 기원전 2년(온조왕 17) 봄, 낙랑이 쳐들어 와서 위례성에 불을 질렀다. 그러나 큰 피해가 기록되어 있지는 않다. 4월에 온조왕은 사당[廟]을 세우고 국모(國母)에게 제사 지냈다.

기원전 1년(온조왕 18) 10월에 말갈이 기습해 왔다. 온조왕은 직접 군사를 지휘하여 칠중하(七重河)에서 말갈 군대를 맞아 싸웠다. 이 전투에서 말갈 추장 소모(素牟)를 사로잡아 마한에 보내고, 나머지 적병들은 모두 구덩이에 생매장해버렸다. 11월, 온조왕은 보복으로 낙랑의 우두산성(牛頭山城)을 습격하려고 구곡(臼谷)까지 진출했다. 그러나 큰 눈이 내려 뜻을 이루지 못하고 곧 돌아왔다.

불운을 겪은 뒤인 2년(온조왕 20) 2월, 왕은 큰 단[大壇]을 설치하고 친히 천지(天地)에 제사 지냈다. 그런데 이때 이상한 새 다섯 마리가 날아왔다.

4년(온조왕 22) 8월에 석두성(石頭城)과 고목성(高木城), 두 성을 쌓았다. 9월에는 온조왕이 기병 1,000명을 거느리고 부현(斧峴) 동쪽에서 사냥하다가 말갈 군대와 마주쳤다. 이들과 교전에서 이겨 포로로 잡은 생구(生口)를 장수와 군사들에게 나누어주었다.

백제의 마한 세력권 접수

6년(온조왕 24) 7월, 온조왕은 웅천책(熊川柵)을 세웠다. 그러자 마한 왕이 사신을 보내 항의했다. "귀하가 처음 우리 땅으로 들어왔을 때 발 디딜 만한 곳도 없었다. 그래서 내가 동북쪽 100리의 땅을 떼어 주어 편히 살게 해주었으니, 후하게 대우해준 것이다. 당연히 이에 보답할 생각을 하는 것이 도리건만, 이제 나라가 갖추어지고 백성들이 모여들자 시설을 늘려 우리의 영역을 침범하고 있다. 이것이 도리인가?" 마한이 이렇게까지 항의한 것을 보면 웅천책은 마한과 통로에 세워졌음을 알 수 있다. 온조왕은 마한과 관계를 생각해서 목책을 철거했다.

7년(온조왕 25) 2월에 왕궁의 우물물이 갑자기 넘치고, 한성의 민가[人家]에서 말이 머리 하나에 몸 둘인 소를 낳는 이변이 일어났다. 이 사건에 대한 풀이를 맡은 일관(日官)은 "우물물이 갑자기 넘친 것은 대왕이 우뚝 일어날 징조요, 소가 머리 하나에 몸이 둘인 것은 대왕이 이웃 나라를 병합할 징조입니다"라는 해석을 내놓았다. 온조왕은 이 말을 듣고 기뻐하며 진한(辰韓)과 마한 병합의 야심을 품게 되었다고 한다.

다음 해인 8년(온조왕 26) 7월, 왕이 드디어 속을 털어놓았다. "마한은 점점 쇠약해지고 윗사람과 아랫사람의 마음이 달라 오래갈 수 없을 것 같다. 만일 다른 세력에 병합된다면 입술이 없어 이가 시린 격[脣亡齒寒]이 될 것이니 후회하더라도 소용없게 된다. 차라리 남보다 먼저 마한을 손에 넣어 해결하는 편이 나을 것이다."

10월, 온조왕은 사냥한다고 해놓고 군대를 동원해 마한을 기습했다. 그리하여 마한의 중심 국읍(國邑)을 병합해버렸다. 이때 원산성(圓山城)과 금현성(錦峴城), 두 성은 항복해 오지 않았다.

그러나 9년(온조왕 27) 4월, 결국 두 성의 항복을 받아냈다. 이 두 성의 백성들은 한산(漢山) 북쪽으로 이주시켰다. 이것으로 마한은 중심 세력을 잃고 해체되었다. 이해 7월에 온조왕은 대두산성(大豆山城)을 쌓았다.

이와 같은 과정을 보면 백제는 기본적으로 마한 세력권 안에 세워져, 결국 그 세력권을 인수한 나라라고 할 수 있다. 온조가 배신을 통해 마한을 정복한 셈이지만, 마한 왕이 자기 영토 안에 백제가 자리 잡을 땅을 내주었던 점은 주목할 만하다. 보통은 그 이유로, 고조선 준왕(準王)이 위만(衛滿)에게 그랬듯이, 백제를 적으로 삼는 사태를 방지함과 동시에 북쪽에서 남하하는 강력한 북방계 세력에 대한 방어 임무를 백제에 주어 방패로 삼는 정책이었다고 본다.

그만큼 백제가 북쪽에서 내려올 때부터 무시할 수 없는 세력을 가지고 있었고, 또 자리를 잡은 후에는 많은 백성들이 몰려올 정도로 관리 능력이 있었다는 것을 암시한다. 그렇지 않고서야 고조선에서 나라를 빼앗긴 교훈이 있었음에도 불구하고, 그 왕실의 전통을 잇고 있던 마한이 같은 조치를 취하지는 않았을 것이다. 이에 비해 마한은 그동안 유지해오던 단결력과 자기 세력권을 유지하는 데 한계를 느끼고 있었던 듯하다.

10년(온조왕 28) 2월에 맏아들 다루(多婁)를 태자로 삼고 온 나라의 군사 업무를 맡겼다. 4월에 서리가 내려 보리를 해치는 기상이변이 일어났다.

13년(온조왕 31) 정월에 나라 안의 민가를 남부(南部)와 북부(北部)로 나누는 행정구역 개편을 실시했다. 이해 4월에 우박이 내리고, 5월과 6월에 지진이 일어났다.

15년(온조왕 33) 봄과 여름에 몹시 가물었다. 이 때문에 기근이 들어 도적이 크게 일어났다. 온조왕은 이를 무마하고 안정시켰다. 이해 8월에 동부(東部)와 서부(西部)의 두 부(部)

를 더 설치했다.

국내 정비에 힘썼음에도 16년(온조왕 34) 10월에 옛 마한 출신의 장수 주근(周勤)이 우곡성(牛谷城)을 근거지로 삼아 반란을 일으켰다. 온조왕은 친히 군사 5,000명을 거느리고 토벌에 나섰다. 토벌당한 주근은 목을 매어 자살해버렸다. 그렇지만 온조왕은 시체의 허리를 베고, 그의 처자마저 죽여 반란을 용납하지 않겠다는 의지를 보였다.

18년(온조왕 36)에는 여러 성을 쌓으며 백제 세력권을 다졌다. 7월에는 탕정성(湯井城)을 쌓고 대두성(大豆城)의 민가 일부를 나누어 이주시켰다. 다음 달인 8월에는 원산성과 금현성, 두 성을 수리하고 고사부리성(古沙夫里城)을 쌓았다.

그렇지만 다음 해인 19년(온조왕 37) 재해가 이어졌다. 3월에는 크기가 달걀만 하여 참새같이 작은 새들[鳥雀]이 맞으면 죽을 정도의 우박이 내렸다. 4월부터 가물기 시작해서 6월에야 비가 왔다. 이 때문에 한수(漢水)의 동북쪽 부락에 기근이 들어 고구려로 도망해 간 자가 1,000여 집[戶]이나 되었다. 백성들의 이탈로 패수(浿水)와 대수(帶水) 사이가 사는 사람이 없을 정도로 비어버렸다고 한다.

20년(온조왕 38) 작년의 재해로 민심이 흉흉하자 왕이 수습에 나선 것 같다. 2월, 온조왕은 동쪽으로는 주양, 북쪽으로는 패하에 이르는 범위의 지방을 돌며 민심을 달랬다. 이런 일정을 소화하다가 50일 만에 돌아왔다. 다음 달인 3월에는 사자를 보내 농사짓기와 누에치기를 권장하고, 급하지 않은 일로 백성을 동원하는 일을 금지시켰다. 그리고 10월에는 왕이 큰 단을 쌓고 천지에 제사 지냈다. 이렇게 성의를 보여서인지 이후 몇 년 동안은 큰 재해나 이로 인한 민심의 동요가 나타나지 않는다.

재해의 피해가 조금 가라앉자 이번에는 말갈이 백제를 괴롭혔다. 22년(온조왕 40) 9월, 말갈은 술천성(述川城)을 공격해 왔다. 또 11월에는 부현성(斧峴城)을 습격하여 100여 명을 죽이고 약탈하는 일이 일어났다. 온조왕은 정예 기병 200명을 동원하여 이 침공에 대처하게 했다.

23년(온조왕 41) 정월에 우보 을음이 죽었다. 그러자 온조왕은 북부의 해루(解婁)를 우보로 삼았다. 부여 출신인 해루는 식견[神識]이 깊고, 나이가 70세를 넘었는데도 정정했기 때문에 등용했다 한다. 이해 2월에 한수 동북쪽에 있는 여러 부락에서 15세 이상의 사람들을 징발하여 위례성을 수리하고 정비했다.

25년(온조왕 43) 8월, 왕이 아산(牙山) 벌판에서 5일 동안 사냥했다. 9월에는 기러기[鴻雁] 100여 마리가 왕궁에 모였다. 이 사건에 대한 일관은 "기러기는 백성의 상징입니다. 장차 먼 데서 투항해 오는 자가 있을 것입니다"라고 해석했다. 얼마 가지 않은 10월, 남옥저(南沃沮)의 구파해(仇頗解) 등 20여 가(家)가 부양(斧壤)으로 귀순[納款]해 왔다. 온조왕은 이들을 받아들여 한산 서쪽에서 살도록 해주었다.

27년(온조왕 45), 또다시 재해가 잇따랐다. 봄과 여름에는 풀과 나무가 타고 마를 정도로 크게 가물었다. 10월에는 지진이 일어나 백성들의 집을 무너뜨렸다. 그러던 중 온조왕은 왕위에 오른 지 46년째인 28년 2월에 죽었다[薨].

제2대 다루왕

　다루왕(多婁王)은 온조왕의 맏아들이다. 도량이 넓고 위엄과 덕망이 있었다는 평가를 받았다. 10년(온조왕 28)에 태자로 책봉되어 온조왕 사후 왕위를 이었다.

　29년(다루왕 2) 정월, 시조로 여기는 동명묘(東明廟)를 찾아뵈었다. 2월에는 남쪽 제단[南壇]에서 천지에 제사 지냈다.

　30년(다루왕 3) 10월에 동부의 흘우(屹于)가 마수산(馬首山) 서쪽에서 말갈과 싸워 이겨, 많은 적병을 죽이고 포로도 많이 사로잡았다. 왕이 기뻐하여 흘우에게 말 10필과 조(租) 500섬을 상으로 주었다.

　31년(다루왕 4) 8월에는 고목성(高木城)의 곤우(昆優)가 말갈과 싸워 크게 이기고 적병 200여 명을 죽였다. 9월, 다루왕이 횡악(橫岳) 아래에서 사냥할 때, 사슴 한 쌍을 연달아 맞혀 여러 사람의 탄복을 자아내는 일이 있었다.

33년(다루왕 6) 정월에 맏아들 기루(己婁)를 태자로 삼고 크게 사면했다. 2월에는 나라 남쪽의 주·군(州郡)에 논[稻田]을 만들라는 영을 내렸다. 이것이 백제에서 처음으로 논을 만든 계기였다고 한다. 그러나 사실인지에 대해서는 의문이 있다.

34년(다루왕 7) 2월, 선왕(先王)인 온조왕이 기용했던 우보 해루가 90세의 나이로 죽었다. 후임 우보로 동부의 흘우를 기용했다. 4월에는 동쪽 방향에 붉은 기운이 도는 일이 있었다. 9월에는 말갈이 마수성(馬首城)을 공격하여 함락시키고, 불을 질러 백성들의 집을 태웠다. 그리고 10월에는 병산책(瓶山柵)을 또다시 습격했다.

37년(다루왕 10) 10월에 인사이동이 있었다. 해루의 후임으로 우보에 임명되었던 흘우를 좌보(左輔)로 승진시키고, 북부의 진회(眞會)를 그 자리에 기용했다. 11월에는 지진이 일어났는데 우레와 같은 소리가 났다고 한다.

38년(다루왕 11) 가을에 곡식이 잘 여물지 않아 백성에게 술 빚는 행위를 금지시켰다. 10월에는 동부와 서부, 두 부를 돌아다니며 민심을 수습하고, 가난해서 제 힘으로 살아갈 수 없는 자에게 한 사람당 2섬의 곡식을 주었다.

48년(다루왕 21) 2월에 궁중의 큰 홰나무[槐樹]가 별 이유 없이 말라버리는 일이 일어났다. 다음 달 3월에 좌보 흘우가 죽었다. 다루왕이 슬프게 곡을 했다 한다.

55년(다루왕 28) 봄과 여름에 가뭄이 들었다. 다루왕은 민심 수습을 위해 죄수를 살펴 사형당할 죄[死罪]까지 사면하는 조치를 취했다. 이해 8월에 말갈이 북쪽 변경에 쳐들어왔다. 56년(다루왕 29) 2월, 왕은 전년에 있었던 말갈의 침략을 의식하여 동부에 우곡성(牛谷城)을 쌓아 방어를 강화하라는 명을 내렸다.

시간이 좀 흐른 뒤인 63년(다루왕 36) 10월, 왕은 낭자곡성(娘子谷城)까지 영토를 개척했다. 이곳은 신라와 관계가 깊었던 지역인 듯하다. 다루왕은 곧 신라에 사신을 보내 만나기를 청했으나 신라 측에서는 이 요청을 묵살해버렸다.

64년(다루왕 37)에 왕은 신라의 와산성(蛙山城) 공략에 나섰다. 여기서 큰 전과를 올리지 못하자 방향을 바꾸어 구양성(狗壤城)을 공격했다. 그러나 신라 측에서 기병 2,000명을 동원하여 반격하는 바람에 패퇴했다.

66년(다루왕 39)에 와산성을 다시 공격하여 빼앗았다. 이곳을 지키기 위해 200명의 병력을 남겨두었으나, 얼마 안 있어 신라가 탈환했다. 70년(다루왕 43)에 다시 신라를 침공했다. 73년(다루왕 46) 5월 그믐에 일식이 있었다. 74년(다루왕 47)

8월에 또다시 신라 침공을 감행했다.

다음 해인 75년(다루왕 48) 10월에는 재차 와산성을 공략하여 함락시켰다. 그렇지만 1년도 안 지난 76년(다루왕 49) 9월에 와산성은 다시 신라 손으로 넘어갔다. 그런데 이런 분쟁을 빚은 나라가 실은 신라가 아니라 진한이었다는 주장도 있다. 다루왕은 즉위한 지 50년째인 77년 9월에 죽었다.

제3대 기루왕

　기루왕(己婁王)은 다루왕의 맏아들이다. 뜻과 식견이 넓고
원대하여 사소한 일에 마음을 쓰지 않았다. 다루왕 즉위 후
6년째인 33년에 태자로 책봉되어 77년 다루왕이 죽자 뒤를
이었다.

　85년(기루왕 9) 정월에 신라의 변경을 공략했다. 4월 을사
(乙巳)에 객성(客星: 보통 때는 보이지 않다가 갑자기 나타나는 별)이
자미(紫微: 자미원紫微垣이라고도 한다. 이는 북극 쪽, 특히 북두칠성
의 북쪽 끝 별자리들을 의미했는데 이곳에 천제가 살고 있다고 믿었다.
그래서 통치자를 상징하기도 했다)로 들어갔다. 이 내용은 기루왕
의 권위에 문제가 생겼음을 암시한다고 해석할 수 있다.

이렇게 불길한 징조가 나타난 후 이상 현상과 재해가 이어졌다. 87년(기루왕 11) 8월 그믐 을미(乙未), 92년(기루왕 16) 6월 초하루 무술(戊戌)에 일식이 있었다. 89년(기루왕 13) 6월에는 지진이 일어났다. 이때 땅이 갈라지면서 민가가 무너져 내려 많은 사람이 죽었다. 90년(기루왕 14) 3월에 가뭄이 심해 보리 수확을 하지 못했다. 6월에는 태풍이 불어 나무가 뽑혔다. 93년(기루왕 17) 8월, 횡악(橫岳)에 큰 돌 다섯 개가 동시에 떨어졌다. 97년(기루왕 21) 4월에는 용(龍) 두 마리가 한강에 나타났다. 99년(기루왕 23) 8월에는 서리가 내려 콩 수확에 타격을 주었고, 10월에는 우박이 내렸다.

103년(기루왕 27)에는 상서로운 일이 있었다. 왕이 한산(漢山)에서 사냥하다가 신비로운 사슴[神鹿]을 잡았던 것이다. 105년(기루왕 29), 신라에 사신을 보내 화친을 청했지만 그 결과에 대해서는 별다른 기록이 없다.

이후 또다시 자연재해가 이어졌다. 107년(기루왕 31) 겨울에 얼음이 얼지 않았다. 108년(기루왕 32) 봄과 여름에 가물어 흉년이 들었다. 이 때문에 백성들이 서로 잡아먹었다고 한다. 이런 와중인 7월, 말갈이 우곡(牛谷)에 쳐들어와서 백성[民口]들을 약탈하고 돌아갔다. 111년(기루왕 35) 3월과 10월에는 지진이 일어났다.

이렇게 재해가 이어지던 113년(기루왕 37), 왕은 신라에 사신을 보냈다. 이 조치가 어떤 성과를 가져왔는지에 대한 기록은 당장 나타나지 않고, 또다시 재해가 이어졌다. 116년(기루왕 40) 4월, 황새[鸛]가 도성 문 위에 집을 지었다. 6월에는 큰비가 열흘이나 내리는 통에 한강 물이 넘쳐 민가가 떠내려갔다. 그러자 7월에 기루왕은 수해를 입은 농토를 보수하도록 담당 관청[有司]에 명을 내렸다.

그런데 125년(기루왕 49), 왕이 신라와 화친을 시도한 성과가 나타났다. 말갈의 침략을 받은 신라가 군사 원조를 요청해 온 것이다. 기루왕은 신라의 요청을 받아들여 다섯 명의 장군을 파견했다. 기루왕은 즉위한 지 52년째인 128년 11월에 죽었다.

제4대 개루왕

개루왕(蓋婁王)은 기루왕의 아들이라고만 되어 있고, 태자로 책봉된 기록이 나타나지는 않는다. 성격이 공손하고 행실이 바른 사람이라는 평가를 얻었다. 기루왕의 뒤를 이어 39년이나 왕위를 지켰으나, 그에 대한 기록은 많이 남아 있지 않다.

131년(개루왕 4) 4월, 왕은 한산에서 사냥했고, 132년(개루왕 5) 2월에는 북한산성(北漢山城)을 쌓았다. 그리고 137년(개루왕 10) 8월 경자(庚子)에 형혹(熒惑: 화성을 가리킨다. 주로 기근, 전염병 같은 재해나 전쟁의 징조를 보여주는 별로 여겼다)이 남두(南斗: 도교에서는 하늘의 동·서·남·북에 두斗 자 모양의 별자리 5개를 지정하여 경배의 대상으로 삼는다. 남두는 남극노인성南極老人星을 신격화한 남극장생대제南極長生大帝가 관리하는 6개의 부서가 있는 큰 관청으로 여겼다. 주로 인간의 수명과 운명 관리를 맡아본다)를 침범했다. 이 역시 불길한 징조가 나타난 것이다. 155년(개루왕 28) 봄 정월 그믐 병신(丙申)에는 일식이 있었다.

그리고 뒤이어 이해 10월, 개루왕 때의 기록에서 가장 복잡한 사건이 나타난다. 이때 신라의 아찬(阿湌) 길선(吉宣)이 반란을 도모하다가 탄로나 실패한 다음 백제로 도망해 왔다. 신라 왕(아달라 이사금阿達羅泥師今)이 길선을 돌려보내달라고 요청했으나 개루왕은 거절했다. 화가 난 신라 왕이 백제로 쳐들어 왔으나, 백제 측이 농성하기만 하고 나가 싸우지 않자 신라군은 군량이 떨어져 돌아갔다.

이 사건을 두고 『삼국사기』 편찬자는 개루왕에게 "적을 비호하여 숨기는[掩賊爲藏] 짓으로 말미암아, 이웃 나라와 사이가 나빠져 백성들로 하여금 전쟁에 시달리게 했다"는 비난을 쏟아냈다. 개루왕은 즉위한 지 39년째인 166년에 죽었다.

제5대 초고왕

초고왕(肖古王: 또는 소고왕素古王)은 개루왕의 아들로 그 뒤를 이었다. 초고왕 때는 신라와 분쟁이 많이 나타난다.

167년(초고왕 2) 7월, 신라 서쪽 변경의 두 성을 기습하여 함락시키고 남녀 1,000명을 사로잡아 돌아왔다. 그러자 다음 달 8월에 신라 측의 반격이 있었다. 일길찬(一吉飡) 흥선(興宣)이 2만 명의 병력을 거느리고 백제 동쪽의 여러 성들을 공략했다. 뒤이어 신라 왕도 정예 기병 8,000명을 거느리고 한수까지 침입해 왔다. 초고왕은 신라군 병력의 규모를 보고는 점령했던 지역을 돌려주고 마무리 지었다. 그러나 이후에도 신라와 분쟁은 끊이지 않았다.

170년(초고왕 5) 3월 그믐 병인(丙寅)에 일식이 있었다. 이해 10월, 신라의 변경을 침공했다. 이후 한동안 기록이 없다가 186년(초고왕 21)부터 2년 동안 이변에 대한 기록이 나타난다. 이해 10월에 구름 없이 우레만 쳤고, 살별[星孛: 혜성]이 서북쪽에 나타났다가 20일 만에 없어졌다. 187년(초고왕 22) 5월에는 수도[王都]의 우물과 한수가 모두 말랐다.

188년(초고왕 23) 2월에 궁실을 고치고 수리했다. 그리고 신라의 모산성(母山城)을 공략했다. 189년(초고왕 24) 4월 초하루 병오(丙午)에 일식이 있었다. 7월, 백제군이 신라군과 구양(狗壤)에서 전투를 벌여 500여 명의 전사자를 내며 패배했다.

190년(초고왕 25) 8월에는 신라 서쪽 국경의 원산향(圓山鄕)을 공략한 다음 부곡성(缶谷城)을 포위했다. 신라 장군 구도(仇道)가 기병[馬兵] 500명을 거느리고 맞아 싸웠다. 백제군은 퇴각하는 척하며 구도의 추격을 유도했다. 와산(蛙山)까지 신라군을 유인한 다음 반격하여 크게 이겼다.

191년(초고왕 26) 9월, 치우기(蚩尤旗: 혜성의 일종으로 꼬리가 깃발이 나부끼듯 구부러진 것)가 각(角: 처녀자리에서 가장 밝은 α별인 스피카)과 항(亢: 처녀자리의 일부)에 나타났다. 199년(초고왕 34) 7월에 지진이 일어났다. 그런 와중에도 신라의 변경을 공략했다.

204년(초고왕 39) 7월에 다시 신라의 요거성(腰車城)을 공격하여 함락시키고 성주 설부(薛夫)를 죽였다. 공격을 받은 신라 왕 나해(奈解)가 분개하여, 이벌찬(伊伐飡) 이음(利音)을 지휘관으로 하는 6부의 정예 군사를 보내 백제의 사현성(沙峴城)을 공격했다.

이해 10월에 살별[星孛]이 동정(東井: 쌍둥이자리)에 나타났다. 이후 이변과 재해 기록이 이어진다. 205년(초고왕 40) 7월에는 금성[太白]이 달을 범했다. 208년(초고왕 43) 가을에는 병충해를 입은 데다가 가뭄까지 들어 수확에 타격을 입었다. 이 때문에 도적이 많이 일어나자 초고왕은 불만을 무마하고 안정시켰다. 209년(초고왕 44) 10월에는 나무가 뽑힐 정도의 큰바람이 불었다.

210년(초고왕 45) 2월에 적현성(赤峴城)과 사도성(沙道城), 두 성을 쌓고 동부의 백성들을 이주시켰다. 이 지역을 지켜야 할 만한 문제가 생겼던 듯하다. 그러한 예측이 맞아떨어져 10월, 말갈이 사도성을 공격해 왔다. 말갈은 백제의 대비로 별다른 전과를 거두지 못하자 성문을 불 질러 태우고 퇴각했다.

211년(초고왕 46) 8월, 나라 남쪽에 병충해가 생겨 기근이 들었다. 11월에 얼음이 얼지 않았다. 212년(초고왕 47) 6월 그믐 경인(庚寅)에 일식이 있었다. 213년(초고왕 48) 7월에 서부

사람인 회회(䯷䯷)가 흰 사슴을 잡아 바쳤다. 왕이 상서롭다 하여 상으로 곡식 100섬을 주었다.

214년(초고왕 49) 9월에 북부의 진과(眞果)에게 명하여 군사 1,000명을 거느리고 말갈의 석문성(石門城)을 습격하게 하여 빼앗았다. 10월에 그 보복으로 말갈이 정예 기병을 동원하여 술천(述川)까지 진입했다. 이해에 초고왕이 죽었다.

제6대 구수왕

구수왕(仇首王: 또는 귀수왕貴須王)은 초고왕의 맏아들로 그 뒤를 이었다. 키가 일곱 자[尺]였고, 위엄과 거동이 빼어났다고 묘사되어 있다.

216년(구수왕 3) 8월에 말갈이 침략해 와서 적현성을 포위했다. 성주가 방어를 잘 해내 말갈은 별다른 전과를 거두지 못하고 돌아갔다. 구수왕이 정예 기병 800명을 거느리고 추격하여 사도성 아래에서 전투를 벌였다. 여기서 이겨 말갈 측에 많은 사상자를 냈다.

217년(구수왕 4) 2월, 사도성 옆에 동서로 10리의 거리를 두고 두 개의 목책을 설치했다. 그리고 적현성의 군졸을 나누어 이곳에 배치했다.

　말갈과 분쟁이 정리되지 않았음에도, 218년(구수왕 5) 신라의 장산성(獐山城)을 포위하고 공략에 나섰다. 신라 왕이 친히 군사를 거느리고 반격해 와 백제군은 패퇴했다.

　220년(구수왕 7) 10월, 왕성(王城) 서문에 불이 났다. 이달에 말갈이 북쪽 변경을 침략해 와 노략질하자 군대를 보내 격퇴했다.

　221년(구수왕 8) 5월, 동쪽 지방에 홍수가 나서 산 40여 곳이 무너졌다. 6월 그믐 무진(戊辰)에 일식이 있었다. 재해에도 불구하고 8월에는 한수 서쪽에서 군대에 대한 사열(査閱)을 실시했다.

　222년(구수왕 9) 2월에 제방을 쌓도록 담당 관청[有司]에 명령을 내렸다. 3월에 농사를 권장하도록 영을 내렸다. 6월, 수도[王都]에 비와 함께 물고기가 떨어졌다. 10월에 신라의 우두진(牛頭鎭)에 쳐들어가 약탈했다. 신라 장수 충훤(忠萱)이 5,000명의 병력을 동원하여 웅곡(熊谷)에서 막으려 했으나 대패하고 혼자 도망쳤다. 11월 그믐 경신(庚申)에 일식이 있었다.

　신라 측에서는 2년 뒤인 224년(구수왕 11) 7월, 일길찬(一吉湌) 연진(連珍)이 침공해 왔다. 백제군이 봉산(烽山) 아래에서 맞아 싸웠으나 패배했다. 10월에 금성[太白]이 낮에 나타나는 일이 있었다.

227년(구수왕 14) 3월에 우박이 내렸다. 여름 4월에 심한 가뭄이 들자 구수왕이 동명묘에 빌었더니 곧 비가 왔다고 한다.

229년(구수왕 16) 10월에 왕이 한천(寒泉)에서 사냥했다. 이후 재해와 전쟁이 이어졌다. 11월에 전염병이 크게 돌았고, 말갈이 우곡(牛谷)의 경계에 침입해 와 노략질을 벌였다. 왕이 정예 군사 300명을 보내 막게 했지만 적의 복병(伏兵)에게 기습을 당해 크게 패배했다.

231년(구수왕 18) 4월에 밤[栗]만 한 크기의 우박이 내려, 참새같이 작은 새들[鳥雀]이 맞으면 죽었다. 구수왕은 왕위에 오른 지 21년째인 234년에 죽었다.

제7대 사반왕

234년 구수왕이 죽자 그의 맏아들인 사반왕(沙伴王)이 왕
위를 계승했지만 곧 폐위되었다고 파악된다. 그에 대해서는
이 이상의 기록이 없다. 단지 사반(沙泮)이라고 쓰기도 했다
는 정도만 알려져 있다.

제8대 고이왕

의문투성이인 고이왕의 즉위 과정과 백제의 위상

고이왕(古尒王)은 개루왕(蓋婁王)의 둘째 아들이다. 원래는 구수왕이 죽은 다음 그의 맏아들 사반이 왕위를 이어받았다. 그러나 어려서 정치를 할 수가 없다는 이유로 초고왕의 친동생인 고이가 왕위에 오른 것이다.

『삼국사기』에는 이와 같이 나와 있지만 '고이왕이 개루왕의 둘째 아들'이라는 점은 사실이라고 보기 어렵다. 개루왕이 166년에 죽었기 때문에, 234년에 즉위한 고이왕이 이때 태어났다 하더라도 68세였다는 뜻이 된다. 또 52년 동안 왕위를 지켰으니 121세까지 살았다는 셈이 된다.

그래서 이를 고이왕의 찬탈을 정당화하기 위해 삽입한 것이라고 해석하기도 한다. 이유야 어찌되었건 고이가 사반을 왕위에서 끌어내리고 즉위한 것은 분명하기 때문이다. 또 다른 해석도 있다. 이와 같은 현상이 나타나는 것은 고이와 그 이전의 백제 왕 계보가 조작되었기 때문이라고 보는 것이다. 이를 빌미로 백제의 시조 자체를 고이왕이라고 보기도 한다.

고이왕은 즉위한 지 3년째인 236년 10월에 서해의 큰 섬에서 사냥했다. 이때 고이왕은 직접 40마리의 사슴을 쏘아 맞히는 능력을 과시했다고 한다. 그만큼 고이왕의 활솜씨가 뛰어났음을 암시해준다.

238년(고이왕 5) 정월에는 하늘과 땅에 제사를 지냈는데 북과 피리[鼓吹]를 사용했다고 한다. 여기서 북과 피리의 사용이 강조된 것은 군악(軍樂)을 연주했다는 의미로 본다. 2월에는 부산(釜山)으로 사냥 나갔다가 50일 만에 돌아왔다. 4월의 기록에, 왕궁 문기둥에 벼락이 치자 노란 용(龍)이 그 문으로부터 날아올랐다는 설화적인 이야기가 있다.

239년(고이왕 6)에는 "정월부터 비가 오지 않다가 5월이 되어서야 비가 왔다"는 간단한 가뭄 관련 기록만 나타난다. 재해가 있었음에도 다음 해인 240년(고이왕 7), 군대를 동원하여 신라를 침공했다. 그리고 4월에 진충(眞忠)을 좌장(左將)

으로 삼고 군사 업무의 총책임을 맡겼다. 7월에는 석천(石川)에서 대규모 사열 행사를 열었다. 이때도 한 쌍의 기러기가 냇가에서 날아오르자 왕이 모두 쏘아 맞히는 솜씨를 보였다.

242년(고이왕 9) 2월에 남쪽의 늪지대를 논[稻田]으로 개간하도록 명을 내렸다. 4월에는 숙부 질(質)을 우보(右輔)로 삼았다. 질은 성품이 강직하여 일처리에 실수가 없었다고 한다. 그런데 이 역시 의문이 제기될 수 있다. 고이왕의 숙부면 기루왕의 아들이라는 뜻이 되는데, 기루왕은 128년에 죽었다. 질이 그즈음 태어났다 하더라도 우보에 올랐을 때 114세인 셈이다. 정치적으로 중요한 자리를 맡기에는 너무 많은 나이다.

7월에는 고이왕이 왕궁의 "서쪽 문에서 활쏘기를 관람했다"는 내용이 이어진다. 그만큼 한성백제(漢城百濟) 서문 쪽에 활쏘기를 하며 구경할 만큼 넓은 공간이 있었음을 알 수 있다.

243년(고이왕 10) 정월에 큰 제단[大壇]을 설치하여 천지와 산천에 제사 지냈다. 그랬음에도 3년 후인 246년(고이왕 13) 여름, 심한 가뭄이 들어 보리 수확에 타격을 받았다.

그리고 이해 8월에 지금까지도 논란이 많은 사건이 벌어졌다. 『삼국사기』에는 이때 고이왕이 위(魏)나라의 유주자사(幽州刺史) 관구검(毌丘儉)이 낙랑태수(樂浪太守) 유무(劉茂)와

삭방태수(朔方太守) 왕준(王遵) 등과 함께 고구려를 침공하여 전쟁을 벌이는 틈을 이용했다고 나와 있다. 좌장 진충(眞忠)을 보내 낙랑의 변방을 습격하고 백성들을 잡아 왔던 것이다. 그렇지만 이 소식을 전해 들은 낙랑태수가 분개하자, 고이왕은 침공을 받을까봐 염려하여 그 사람[民口]들을 돌려주었다.

그렇지만 중국 쪽 기록인『삼국지(三國志)』에는 다르게 나타난다. 237~239년 사이에 위나라가 진한(辰韓) 8국을 분할해 낙랑에 소속시키려, 통역에 문제가 생겨 오해를 불러일으켰다고 한 것이다. 통역 과정에서 구체적으로 무슨 문제가 있었는지에 대한 기록은 남아 있지 않다. 단지 이 오해 때문에 한(韓)의 신지(臣智: 삼한의 여러 나라들 가운데 세력이 큰 곳의 우두머리를 일컫는 말)를 중심으로 한 한인(韓人)들이 격분하여 대방군(帶方郡) 기리영(崎離營) 지역을 공격했고, 그러자 대방태수 궁준(弓遵)과 낙랑태수 유무가 군사를 일으켜 이들을 정벌했다고 기록되어 있다.

이와 같은『삼국지』의 기록대로라면 3세기 중엽까지도 마한이 한반도 중부를 장악하고 있던 세력이라는 뜻이 된다. 즉 중앙집권적 고대국가로서 백제는 아직 존재하지 않았다는 뜻이다. 그래서 백제는 이때까지 제대로 된 고대국가가 아니었다는 해석이 나온다. 반대로『삼국사기』를 따르자면

3세기 중엽에는 이미 백제가 한반도 중부를 장악한 세력이었다고 인식하게 된다. 그렇기 때문에 이 해석은 『삼국지』를 믿느냐 『삼국사기』를 믿느냐는 물론, 당시 백제의 위상이 어느 정도였느냐는 문제와 직결된다.

247년(고이왕 14) 정월, 남쪽 제단[南壇]에서 하늘과 땅에 제사 지냈다. 2월에 진충을 우보로 임명하고, 진충의 자리였던 좌장에 진물(眞勿)을 임명하여 군사 업무를 맡겼다.

248년(고이왕 15) 봄과 여름에 가뭄이 들었다. 이 때문에 겨울에 백성들이 굶주렸다. 그러자 고이왕은 창고를 열어 백성들의 어려움을 돕고, 또 일 년 동안 조(租: 토지에 부과하는 세)와 조(調: 호戶 단위로 부과되는 세로 보기도 하고 특산물을 걷는 세로 해석하기도 한다)를 면제해주었다. 249년(고이왕 16) 정월 갑오(甲午)에 금성[太白]이 달을 범하는 일이 있었다.

255년(고이왕 22) 9월에 군대를 동원하여 신라를 침략했다. 이때 신라 군사와 괴곡(槐谷) 서쪽에서 싸워 이기고, 그 지휘관인 익종(翊宗)을 죽였다. 10월에 또다시 군대를 보내 신라의 봉산성(烽山城)을 공격했으나 이때는 성을 함락시키지 못했다.

전쟁을 치른 2년 뒤인 257년(고이왕 24) 정월에 크게 가물어 나무가 모두 마르는 사태가 일어났다. 이런 재해를 겪은 다음 해인 258년(고이왕 25) 봄에 말갈 추장 나갈(羅渴)이 좋은 말 10필을 바쳤다. 그동안 말갈과 백제가 충돌이 잦았던 점을 감안하면 이채로운 일이었다. 고이왕은 말갈 사신을 후하게 대접하여 돌려보냈다. 이후 백제가 말갈과 충돌을 벌이는 일이 크게 줄어들었다. 259년(고이왕 26) 9월에는 마치 누각처럼 생긴 청자(靑紫)색 구름이 왕궁 동쪽에서 생겨났다.

고이왕의 개혁

260년(고이왕 27) 정월에 내신좌평(內臣佐平)을 두었다는 구절을 시작으로 하여 중앙 관직을 정비하는 기록이 보인다. 이 내용은 백제의 관직 체제를 이해하는 데 핵심이다. 여기에는 백제의 최고위직인 좌평의 역할 분담이 정해져 있다. 내신좌평은 왕명 출납[宣納], 내두좌평(內頭佐平)은 창고와 재정, 내법좌평(內法佐平)은 예법과 의례, 위사좌평(衛士佐平)은 왕궁 경비[宿衛]와 방어, 조정좌평(朝廷佐平)은 형벌, 병관좌평(兵官佐平)은 국방에 관한 일을 맡았다.

그리고 좌평 아래 관직에 대한 기록이 나타난다. 달솔(達率)·은솔(恩率)·덕솔(德率)·한솔(扞率)·나솔(奈率)과 장덕(將德)·시덕(施德)·고덕(固德)·계덕(季德)·대덕(對德)·문독(文督)·무독(武督)·좌군(佐軍)·진무(振武)·극우(克虞)를 두었다. 6

좌평은 모두 1품이고, 달솔은 2품, 은솔은 3품, 덕솔은 4품, 한솔은 5품, 나솔은 6품, 장덕은 7품, 시덕은 8품, 고덕은 9품, 계덕은 10품, 대덕은 11품, 문독은 12품, 무독은 13품, 좌군은 14품, 진무는 15품, 극우는 16품이었다. 이것이 이른바 백제의 '16관등(官等)'이다.

2월에는 여기에 더하여 관리들의 의복 색깔과 장식에 대한 명령이 내려졌다. 6품 이상은 자주색[紫色] 옷을 입고 은꽃[銀花]으로 관(冠)을 장식하게 했으며, 11품 이상은 다홍색[緋色] 옷을 입게 하고, 16품 이상은 푸른색[靑色] 옷을 입게 했다. 이렇게 관직 체제의 줄기를 재편한 이후인 3월에는 고이왕의 동생 우수(優壽)가 내신좌평에 임명되었다.

이와 함께 앞서 군사 문제에 관해 전권을 주었음을 암시하는 좌장의 존재가 보인다는 점까지 주목하여, 이때 백제가 지배 체제를 정비해 중앙집권 국가의 토대를 형성했다고 보기도 한다. 심지어 이를 단서로 삼아 고이왕을 백제의 실질적인 시조로 몰아가는 주장까지 있다.

그러나 여기에는 생각해봐야 할 점이 있다. 고이왕 때 '6좌평·16관등'을 정비한 기록이 나온다고 해서 그 이전에 이에 필적할 만한 제도가 없었겠느냐는 의문을 가질 수 있기 때문이다. 즉 고이왕 때 제도 정비가, 이전에는 통치제도를 갖추지 못할 만큼 백제가 형편없는 나라였음을 보여주는 근

거가 되지 못한다는 것이다. 오늘날에도 제도의 개혁과 변화
는 흔한 일이기 때문이다. 자세한 내용이 시시콜콜 남아 있
지 않은 고대사 기록에 그 이전 양상을 확실하게 보여주는
내용이 없다고 해서, 백제가 당시 나라 꼴조차 갖추지 못한
증거라고 보기에는 무리가 따른다.

261년(고이왕 28) 정월 초하룻날[初吉] 기사(記事)에 특이하
게 고이왕이 입었던 옷에 대한 기록이 비교적 자세히 묘사
되어 있다. 이날 왕은 자주색의 소매가 넓은 두루마기[紫大袖
袍]와 푸른 비단 바지[靑錦袴]를 입고, 금꽃으로 장식한 검은
비단 관[金花飾鳥羅冠]을 쓰고, 흰 가죽띠[素皮帶]를 두르고,
검은 가죽신[鳥韋履]을 신고, 남당(南堂)에 앉아 정사를 보았
다고 한다. 이 내용은 백제의 의복을 연구하는 데 핵심적인
정보다.

2월에는 진가(眞可)를 내두좌평으로, 우두(優豆)를 내법좌
평으로, 고수(高壽)를 위사좌평으로, 곤노(昆奴)를 조정좌평
으로, 유기(惟己)를 병관좌평으로 삼았다. 지금으로 치면 내
각의 주요 인사를 임명하는 '조각(組閣)'을 한 셈이다. 이렇게
국내 문제를 정리한 이후인 3월, 신라에 사신을 보내 화친을
청했다. 그러나 신라 측에서는 받아들이지 않았다.

다음 해인 262년(고이왕 29) 정월에 관리로서 재물을 받거
나 도둑질한 자는 훔친 물건[贓物]의 세 배를 징수하고, 평생

가두어두라는[禁錮] 명을 내렸다. 이때는 국내 정비에 치중한 듯하지만, 고이왕은 신라가 화친을 거부한 일을 결코 잊지 않았다.

화친을 거부당한 이후인 266년(고이왕 33) 8월, 고이왕은 군대를 보내 신라의 봉산성(烽山城)을 공격했다. 그러자 봉산성주 직선(直宣)이 강한 군사[壯士] 200명을 거느리고 나와 백제군을 격퇴시켰다.

269년(고이왕 36) 9월에 살별[星孛]이 자궁(紫宮: 자미성紫薇星)에 나타나는 이변이 있었다. 이후 272년(고이왕 39) 11월부터 신라를 공략한 기록이 이어진다. 278년(고이왕 45) 10월에 신라를 침공하여 괴곡성(槐谷城)을 포위했고, 283년(고이왕 50) 9월에도 군사를 보내 신라의 변경을 쳤다. 이렇게 전쟁을 치른 후, 286년(고이왕 53) 정월에 사신을 신라에 보내 화친을 청했다. 여기에 대한 결과는 기록에 나타나지 않는다. 이해 11월, 고이왕이 죽었다.

제9대 책계왕

책계왕(責稽王 또는 청계왕靑稽王)은 고이왕의 아들이다. 키가 크고 포부가 원대했다고 한다. 고이왕이 죽자 그 뒤를 이었다. 즉위한 해인 286년, 장정들을 징발하여 위례성 보수 사업을 벌였다.

왕궁 보수도 꽤 부담스러운 사업이었겠지만, 책계왕은 즉위하자마자 이보다 더 곤혹스러운 결단을 내려야 하는 상황에 처했다. 고구려가 대방(帶方)을 정벌하자 대방이 백제에 구원을 요청했던 것이다. 책계왕은 이때 대방 왕의 딸 보과(寶菓)를 아내로 삼은 상태였다.

이 때문에 책계왕은 "대방과 우리는 장인과 사위의 나라

이니 그 청에 응하지 않을 수 없다" 하고는 대방에 구원병을 보냈다. 이로 인해 고구려와 관계가 틀어졌다. 책계왕은 자신의 결정으로 초래될 고구려의 침략을 염려하여 아차성(阿且城)과 사성(蛇城)을 쌓아 이에 대비해야 했다.

287년(책계왕 2) 정월에는 동명묘를 찾아뵈었다. 이후 어떤 이유에서인지 10년이 넘는 기간에 대한 기록이 남아 있지 않다. 그러다가 298년(책계왕 13) 9월에 "한(漢)나라에서 맥인(貊人)과 함께 쳐들어왔다"는 기록이 나타난다. 중국의 한제국(漢帝國)이 중앙정부 차원에서 백제를 침공했다고 보기 어렵기 때문에, 여기 나오는 한나라는 한의 군현으로 해석하는 것이 보통이다. 맥인 역시 보통은 고구려를 의미하지만, 한 군현이 고구려를 통제할 수 있는 상황이 아니었기 때문에 동예(東濊)로 해석하기도 한다. 어쨌든 책계왕은 이 침공에 대응하여 친히 나가 막다가 적에게 상처를 입고 죽었다.

제10대 분서왕

분서왕(汾西王)은 책계왕의 맏아들이다. 어려서부터 총명하고 어질었으며, 품행이 바르고 풍채가 빼어났다고 한다. 책계왕이 곁[左右]을 떠나지 못하게 할 정도로 총애를 받았다. 그 총애를 바탕으로 책계왕이 죽자 뒤를 이어 왕위에 올랐다.

그럼에도 불구하고 분서왕의 업적은 많이 남아 있지 않다. 즉위한 해 10월에 대규모 사면령을 내렸고, 다음 해인 299년(분서왕 2) 정월에 동명묘를 찾아뵈었다. 302년(분서왕 5) 4월에는 혜성(彗星)이 낮에 나타나는 이변이 있었다.

말년인 304년(분서왕 7) 2월에 "낙랑의 서쪽 현을 기습하여 빼앗았다"는 것이 거의 유일한 업적이다. 그런데 이마저 해피엔딩은 아니었다. 이해 10월에 분서왕은 그 보복을 받았다. 낙랑태수가 보낸 자객에게 살해당한 것이다.

제11대 비류왕

　　『삼국사기』에는 비류왕(比流王)이 구수왕의 둘째 아들이라고 되어 있다. 그러나 사실이라고 보기는 어렵다. 구수왕이 234년에 죽었기 때문에 비류가 그때 태어났다 하더라도, 337년에 죽었으니 110년 넘게 살았다는 뜻이 되기 때문이다. 그래서 이 역시 즉위 명분을 세우기 위한 계보 조작으로 보는 것이 일반적이다. 계보 조작을 한 원인은 비류왕이 즉위한 배경과 관계가 깊다.

　　어쨌든 그는 성품이 너그럽고 인자했다는 평을 받았고, 또 힘이 세어 활을 잘 쏘았다고 한다. 오랫동안 높은 자리에 있지 않았는데도 백성들 사이에서 명성이 자자했다. 분서왕이 죽었을 때 아들이 있었으나 모두 어려서 왕위에 오를 수 없었다. 이 때문에 비류가 추대를 받아 왕위에 올랐다.

이렇게 인품과 능력이 뛰어나다는 평가를 받았음에도 불구하고 10년 가까이 그의 업적에 대한 기록은 별것 없다. 308년(비류왕 5) "정월 초하루 병자(丙子)에 일식이 있었다"는 내용이 있을 뿐이다.

312년(비류왕 9) 2월이 되어서야 그의 활동이 나타나기 시작한다. 이때 비류왕은 사자를 보내 나라를 돌면서 백성의 질병과 고통을 위문하고, 홀아비·홀어미·고아·자식 없는 늙은이[鰥寡孤獨]로서 생활이 어려운 자에게 곡식을 한 사람당 3섬씩 주었다.

이해 4월에는 동명묘를 찾아뵈었다. 보통 즉위한 다음 해에 동명묘를 찾는 경우가 많은 데 비해 시기가 좀 늦다는 점이 이채롭다. 그런 다음 해구(解仇)를 병관좌평으로 삼았다.

313년(비류왕 10) 정월, 남쪽 교외[南郊]에서 하늘과 땅에 제사 지냈다. 이때 비류왕이 제물로 쓸 짐승을 친히 잡았다는 일화가 있다.

316년(비류왕 13)에는 재해와 이변 기록이 집중적으로 나온다. 먼저 봄에 가물었다. 그리고 큰 별이 서쪽으로 흘러갔다고 한다. 이 기록은 유성을 의미하는 듯하다. 4월에는 서울[王都]의 우물물이 넘치더니, 그 속에서 검은 용이 나타났다고 한다.

320년(비류왕 17) 8월에는 "궁궐 서쪽에 활 쏘는 대[射臺]를 쌓고, 매월 초하루와 보름마다 활쏘기를 익혔다"는 일화가 나타난다. 그런데 다음 해 비류왕의 정권에 의미심장한 영향을 줄 사건이 일어난다.

321년(비류왕 18) 정월에 왕의 이복동생 우복(優福)을 내신좌평으로 삼은 것이다. 이 자체는 별일 아닌 것처럼 보인다. 그런데 이후 이변과 재해가 이어졌다. 7월에 금성[太白]이 낮에 나타났고, 나라 남쪽에 병충해가 들어 곡식을 망쳤다.

325년(비류왕 22) 10월에는 하늘에서 풍랑이 이는 것 같은 소리가 들렸다. 11월에 "왕이 구원(狗原) 북쪽에서 사냥하며 손수 사슴을 쏘아 맞혔다"는 평범한 일화가 중간에 끼어 있다.

327년(비류왕 24) 7월에도 붉은 까마귀 같은 구름이 해를 끼고 생겨났다. 이러한 이변이 있고 난 다음인 9월, 내신좌평 우복이 북한성(北漢城)을 근거로 하여 반란을 일으켰다. 직접 언급되고 있지는 않지만, 재해나 이변이 현실 정치를 반영한다는 유교적 사관(史觀)을 감안하면 불행한 사태를 암시했다고 하겠다. 이 반란 자체는 비류왕이 군사를 동원하여 토벌하는 것으로 끝이 났다.

그렇지만 이후에도 재해가 이어졌다. 331년(비류왕 28) 봄과 여름에 크게 가물어서 풀과 나무뿐 아니라 강물까지 말랐고, 7월이 되어서야 비가 왔다. 기근이 들어 사람들이 서로 잡아먹을 정도였다고 한다.

333년(비류왕 30) 5월에는 별똥별이 떨어졌다. 그리고 왕궁에 불이 나서 민가까지 번졌다. 7월에 왕궁을 수리했고, 진의(眞義)를 내신좌평으로 삼았다. 이 조치 역시 재해를 수습하는 한 과정으로 보아야겠지만, 이후에도 이변에 대한 기록이 이어진다.

이해 12월에 "우레가 쳤다"는 기록이 나타난 이후, 335년(비류왕 32) 10월 초하루 을미(乙未)에 "일식이 있었다"는 기록과, 336년(비류왕 33) 정월 신사(辛巳)에 살별[彗星]이 규(奎: 초여름 서쪽 하늘에 나타나는 별자리로 이것이 밝으면 천하가 태평하다고 여겼다)에 나타났다는 기록이 잇따른다. 이렇게 이변이 이어진 끝에 337년(비류왕 34) 2월에 신라가 사신을 보내왔다. 하지만 이로 인한 성과는 나타나지 않은 채, 344년(비류왕 41) 10월에 왕이 죽었다.

제12대 계왕

    계왕(契王)은 분서왕의 맏아들이다. 타고난 자질이 강직하고 용감했다는 평가를 받았다. 말타기·활쏘기 같은 무예에 능했다고 한다. 분서왕이 죽었을 때는 어려서 왕위에 오르지 못했지만, 비류왕이 죽은 다음에 즉위할 수 있었다. 그러나 계왕은 별다른 업적을 남기지 못한 채, 즉위한 지 3년째인 346년 9월에 죽었다.

제13대 근초고왕

근초고왕이 활약했던 격변의 4세기, 그리고 기록의 혼란

　근초고왕(近肖古王)은 비류왕의 둘째 아들이다. 그는 체격과 용모가 기이하고 빼어났으며, 원대한 식견이 있었다는 평가를 받았다. 계왕이 죽자 왕위를 이었다.

　근초고왕 즉위년에 나와 있는 기록은 이것뿐이다. 얼핏 보기에는 근초고왕 이전의 백제 왕들 또한 이런 정도 이상의 내용이 있는 경우가 별로 없으니 이상하게 여길 일이 아닌 듯할 수 있다. 그렇지만 이 평범해 보이는 내용이 '보이는 것이 전부가 아니다'라는 점을 강력하게 암시해준다.

이를 확인하기 위해 즉위 다음 해의 기록과 그다음에 나오는 기록을 아울러 살펴볼 필요가 있다. 즉위 다음 해인 347년(근초고왕 2) 정월의 기록은 "천신(天神)과 지신[地祇]에게 제사 지냈다"는 평범한 일부터 시작한다.

이어지는 사건 역시 "진정(眞淨)을 조정좌평으로 삼았다"는 인사 문제에 관한 것이다. 그런데 이 내용은 몹시 좋지 않은 인상을 준다. "정(淨)은 왕후의 친척으로서 성품이 사납고 어질지 못했으며 일에 대해서는 가혹하고 까다로웠다. 권세를 믿고 제 마음대로 하니 나라 사람들이 미워했다"라고 되어 있는 것이다. 백제의 전성기를 이끌었던 왕에 관련된 일화치고는 부정적인 인상이 너무 강하다.

이보다 심각한 문제는 바로 다음에 나오는 기록이다.

> 366년(근초고왕 21) 3월에 신라에 사신을 보내 예방했다.
> 368년(근초고왕 23) 3월 초하루 정사(丁巳)에 일식이 있었다. 신라에 사신을 보내 좋은 말[良馬] 2필을 주었다.

즉위 다음 해 기록에 곧바로 이어지는 기사들이다. 이를 통해 『삼국사기』에 나타나는 근초고왕 때의 기록이 즉위 다음 해부터 거의 20년이나 공백이 있다는 사실이 드러난다. 고대사 기록에 꽤 오랫동안 공백이 있는 것 자체야 이상할 일이 아닐지 모르지만, 그 대상이 근초고왕이라는 점에서 전혀 다른 암시를 받을 수 있다.

백제의 전성기를 이끈 근초고왕은 단순히 한 나라의 전성기를 이끌었다는 점에서만 평가받는 것이 아니다. 근초고왕이 활약했던 4세기는 한국과 일본 양국 고대사에서 특별한 의미를 가지는 시기다.

그러한 시기에 강대국 고구려에 맞섰던 라이벌 백제를 이끈 왕에 대한 기록에 이처럼 큰 공백이 있다는 것은, 한국 고대사의 사료에 심각한 문제가 있다는 사실을 암시한다. 어떤 이유에서인지 백제 왕들의 주요 업적이 삭제되어버렸을 가능성이 큰 것이다.

물론 이를 달리 해석하여 이와 같은 현상이 나타나는 것은 『삼국사기』에서 백제 역사를 조작했기 때문이라고 보는 학설도 있다. 근초고왕이나 고이왕 이전에 존재하지 않던 왕들을 만들어냈다는 것이다. 어떤 식으로 해석하건 이 시기 『삼국사기』 기록에 상당한 문제가 있다는 점은 확인된다.

차원이 좀 다르기는 하지만, 사료 조작 문제가 불거지기는 일본 쪽 역시 마찬가지다. 일본 고대사의 핵심 사료라 할 수 있는 『일본서기』의 경우 6세기 이전 기록이 120년 정도 앞으로 당겨져서 쓰여 있다고 지적당한다. 그런데 이 의문점이 집중 부각되는 시기가 바로 근초고왕이 활약한 시기였던

4세기 중엽이다.

요컨대 『삼국사기』에는 중요한 내용이 많이 빠져 있고, 『일본서기』에는 사건이 일어난 시기가 조작되어 있을 뿐 아니라, 도저히 역사적 사실로 믿어주기 어려울 만큼 황당한 내용이 많다. 그나마 다행인 것은 『삼국사기』와 『일본서기』 양쪽에 기록이 남아 있기 때문에 전체 윤곽을 맞추어볼 수 있을 정도는 된다는 사실이다.

이처럼 기본 사료에 문제가 있기 때문에 동아시아 역사 전체에서 4세기는 이른바 '수수께끼의 시대'라고 불리기도 한다. 앞뒤 시대에 비해 시대 상황은 물론 각 나라의 국제적 위상조차 가늠하기 어렵기 때문이다.

남은 과제는 공백이 많고 계통도 다른 사료의 조각을 어떻게 맞추느냐는 것이다. 근초고왕이 활약하기 전인 3세기 까지만 하더라도 가까운 주변 세력들을 제압하며 나라를 정비하는 데 치중하던 고구려·백제·신라가, 4세기로 접어들면서부터는 복잡해진 국제관계에 휘말리기 시작했다. 이른바 남북조시대로 접어드는 중국 대륙에서부터 한반도를 거쳐 일본열도에 이르기까지 여러 세력들이 복잡하게 얽히기 시작한 것이다. 그렇기에 근초고왕이 활약한 이 시대는 한 나라 역사만 단선적으로 살펴봐서는 제대로 이해하기 어렵다.

근초고왕 때의 국제 정세

근초고왕이 활약한 4세기경 국제관계에서 주목되는 점은, 북방의 강자로 성장한 고구려가 모용씨(慕容氏)와 충돌에서 타격을 받았다는 사실이다. 한편 지금의 경상도 지역에서는 가야를 제압하며 신라가 성장하는 중이었고, 바다 건너 왜는 이런 변화의 와중에 신라와 분쟁을 벌이고 있었다.

근초고왕은 바로 이와 같은 정세 속에서 즉위했다. 이 상황에서 근초고왕이 해내야 할 과업은 고구려의 위협을 막으면서 백제의 기반을 다져나가는 것이었다. 고구려가 전연(前燕) 모용씨에게 수도까지 함락당하며 수세에 몰리는 틈을 타, 구사해야 할 적절한 전략을 근초고왕은 모색했다.

백제가 선제공격을 해서 고구려에 재기 불능의 타격을 주는 방식은 부담스러웠을 것이다. 이 때문에 근초고왕은 아직 백제에 대항할 만큼 강력한 세력이 형성되지 않았던 남쪽 지역을 세력권으로 끌어들이려 했다.

그 중요한 실마리는 『삼국사기』에 빠져 있는 364년(근초고왕 19)의 한 사건에서 찾을 수 있다. 이해 3월 초하루 왜에서 시마노스쿠네(斯摩宿禰: 시마노스쿠네의 성씨姓氏는 알려져 있지 않다는 주석이 붙어 있다)를 가야 탁순국(卓淳國)에 보냈다. 그러자 탁순국 왕은 시마노스쿠네에게 "갑자년(甲子年) 7월에 백제인 구저(久氐)·미주류(彌州流)·막고(莫古) 세 사람이 우리 나라에 와서 백제 왕이 동방의 일본이라는 귀한 나라에 조공하고 싶다는 뜻을 전해 왔다"라고 말했다.

그때 탁순국 왕은 구저 등에게 "전부터 동쪽에 귀한 나라가 있다고 들었지만 아직 왕래한 적이 없어 그 길을 알지 못한다. 바다가 멀고 파도가 험하여 큰 배를 타야 겨우 통할 수 있어 가기 어렵다"라고 했다. 그러자 구저 등이 "그렇다면 지금은 갈 수 없겠고, 가려면 배를 갖춘 뒤에 가야 하겠다"라며 "만약 귀한 나라[왜]의 사신이 오면 반드시 알려달라" 하고 돌아갔다는 것이다.

이 사실을 통보받은 시마노스쿠네는 자신의 시종과 탁순 사람 과고(過古) 두 사람을 백제에 보냈다. 근초고왕은 매우 기뻐하며 후하게 대접하고, 진귀한 보물들을 시마노스쿠네의 시종에게 주었다. 그러면서 보물 창고를 열어 보여주며 "이렇게 진기한 보물들을 귀한 나라[왜]에 바치고자 하나, 길을 알지 못하여 지금 사신에게 맡겨 바친다"라고 했다 한다. 시종은 이를 보고했고, 왜의 사신들은 바로 탁순에서 돌아왔다는 것이 『일본서기』의 기록이다.

물론 『일본서기』 기록대로 백제가 정말 왜에 조공을 바치기 위해 탁순에 부탁하지는 않았을 것이다. 대부분의 전문가들은 탁순이 왜와 왕래한 적이 없어 길을 모른다는 말도 믿지 않는다. 그렇지만 백제 측에서 탁순을 통해 왜와 접촉하려 했다는 정도는 인정한다. 이후 백제와 왜는 한 번도 전쟁을 벌인 기록이 없을 만큼 우호 기조가 이어졌다.

다음 해인 365년(근초고왕 20) 4월, 백제에서는 구저·미주류·막고를 왜로 파견했다. 이에 진구황후(神功皇后)와 태자는 매우 기뻐하며 "선왕이 바라던 나라 사람들이 지금 조공해 왔는데, 정작 선왕은 보지 못하니 슬프도다"라 하니, 여러 신하들이 모두 눈물을 흘렸다고 한다. 그만큼 왜 측에서 백제와 교류를 갈망하고 있었음을 보여준다.

믿을 만한 것은 못 되지만, 이 뒤에 에피소드가 하나 더 붙어 있다. 이때 구저를 중심으로 한 백제 사신단과 함께 신라 사신단이 왔다는 것이다. 그런데 두 나라의 공물을 살펴봤더니 "신라의 공물은 진기한 것이 매우 많았는데, 백제의 공물은 적고 천"했다. 이를 이상하게 여긴 왜에서 진상을 조사하자, 공물을 바치러 왜로 가는 백제 사신을 신라 측에서 납치하여 감금했다는 사실이 드러났다.

처음에는 신라인들이 백제 사신들을 죽이려 했는데, 구저 등이 저주를 퍼붓자 죽이는 것을 포기하고 공물만 바꿔치기 했다는 것이다. 그래놓고 백제 사신들에게 "만약 이 일을 발설하면 돌아가는 날 죽이겠다"라고 해서 말을 못 하고 있었다는 것이 왜가 파악한 사건의 진상이었다. 사실을 안 진구황후와 태자는 신라 사신을 책망하고, 추가로 지쿠마노 나가히코(千熊長彦)를 신라에 보내어 질책했다고 한다.

일본 최초의 정사(正史) 기록이라고 하기에는 너무 황당한 내용들로 채워진 에피소드라 액면 그대로 믿을 수는 없지만 암시하는 점은 있다. 백제와 왜가 관계 개선에 그토록 적극적이었다는 것이다. 그 이유는 마한의 잔여 세력을 마저 흡수하면서 가야까지 손아귀에 넣어야 하는 백제의 처지와, 가야를 누르고 교역로를 독점하면서 압력을 가해 오는 신라 세력을 견제해야 하는 왜의 처지가 맞아떨어진 결과라고 생각된다. 백제로서는 오래전부터 가야와 우호적으로 지내왔던 왜의 협력을 얻을 필요가 있었을 것이다.

이후 100년가량이나 지속되던 왜의 신라 침공이 30년간 중단되었다. 그리고 이 사건 직후인 366년과 368년 근초고왕은 신라에 사신을 보내 화친을 맺었다. 얼핏 보기에는 단순한 화친 기록 같지만, 백제와 왜가 연합하여 가야 지역을 평정한 369년(근초고왕 24)의 일과 연결시켜보면 사건들이 말해주는 윤곽이 달라진다.

백제와 신라 사이에 화친이 맺어진 직후인 369년, 백제와 왜 연합군이 마한과 가야 두 방면에서 정복 활동에 나선 정황이 드러난다. 물론 『일본서기』에는 이 사업이 왜의 신라 정벌에서 시작되었다고 적혀 있다. 진구황후가 아라다와케(荒田別)와 가가와케(鹿我別)를 지휘관으로 삼아 구저 등과 협력하여 신라 정벌을 하려 했다는 것이다.

그때 누군가가 "군대가 적어 신라를 깨뜨릴 수 없으니, 사백(沙白)·개로(蓋盧)를 보내 증원을 요청해달라"고 했고, 곧 목라근자(木羅斤資: 또는 목라척자木羅斤資)와 사사노궤(沙沙奴跪)가 백제에서 정예 병력을 이끌고 왔다. 그래서 탁순에 집결해서 비자벌(比自㶱)·남가라(南加羅)·탁국(㖨國)·아라가야[安羅]·다라(多羅)·탁순(卓淳)·가라(加羅) 7개국을 평정했다.

군대가 서쪽 고해진(古奚津)에 이르자 여세를 몰아 남만탐미다례(南蠻忱彌多禮)까지 정벌했으며, 진구황후는 이렇게 정복한 땅을 백제에 주어버렸다고 한다. 이때 근초고왕과 태자가 군대를 이끌고 합류했고, 마한의 잔여 세력이 있던 비리(比利)·벽중(辟中)·포미지(布彌支)·반고(半古) 4읍은 스스로 항복했다.

정복 사업을 성공리에 이끌고 난 다음, 백제 왕 부자(父子)와 아라다와케·목라근자 등이 의류촌(意流村)에서 만나 기뻐하다가 지쿠마노 나가히코와 근초고왕은 백제의 벽지산(辟支山)에 올라가 맹세했다 한다. 그리고 또다시 고사산(古沙山)에 올라가 "풀이나 나무로 자리를 만들면 오래가지 못할 것이므로 반석에 앉아 맹세하며, 앞으로 영원토록 서쪽 번국이라 칭하며 봄 가을로 조공하겠다"라고 맹세했다 한다. 그

리고 지쿠마노 나가히코를 수도로 데려가 후하게 대접해주
고 구저 등을 딸려서 돌려보냈다는 것이 『일본서기』에 기록
된 이야기다.

그렇지만 보통은 이 내용을 그대로 역사적 사실이라 믿지
않는다. 탁순에 모여 계획을 세우고, 오랜 시간을 들여 집결
한 군대가 우호적인 탁순까지 평정했다거나, 애써 정복한 지
역을 왜가 아무 대가 없이 백제에 주어버렸다는 둥 비현실
적인 설정이 너무 많이 등장하기 때문이다.

그렇기 때문에 오히려 이 사건을 어떻게 해석하느냐가
4세기 국제관계를 보는 핵심 열쇠가 된다. 백제와 왜의 위상,
임나(任那)와 일본부(日本府)의 실체, 가야에 대한 백제의 영
향력 등 여러 문제가 이 기록의 해석에 달려 있기 때문이다.
물론 이때 군사행동 자체가 존재하지 않았다는 주장도 있기
는 하다. 그러나 별로 설득력은 없다.

설득력 떨어지는 주장을 빼고 보면 백제가 신라와 화친
을 맺어놓고 가야 지역을 평정했다는 뜻이 되는데, 그럴 경
우 이러한 사건이 『삼국사기』에서 빠져 있다는 사실은 대단
히 의미심장하다. 근초고왕은 가야를 세력권으로 흡수하기
전, 이 지역에서 부상하던 신흥 강자 신라가 백제의 정복 사
업에 개입하지 못하도록 미리 못을 박아둔 셈이다. 그만큼
근초고왕의 백제가 이 시기 국제 정세를 주도하고 있었으며,

이러한 내용이 『삼국사기』에서는 일관되게 빠져 있다는 뜻이 되는 셈이다.

재미있는 점은 가야가 백제의 진출에 크게 저항한 흔적이 없다는 사실이다. 오히려 탁순 같은 나라는 왜와 접촉을 주선할 정도로 은근히 백제 측에 협조적이었던 것 같다. 가야가 이런 선택을 한 이유는 신라의 압박에 저항감을 가지고 있었기 때문일 것이다.

가야의 처지를 알고 있던 백제 역시 가야에 강력한 복속을 강요하지는 않은 듯하다. 나중에 백제 성왕이 이때의 백제와 가야 관계를 두고 "부형(父兄)과 자제(子弟)의 관계"라는 식으로 표현한 것도 여기에 근거를 둔 것이다. 이런 정책 덕분에 백제는 마한 나머지 세력이나 가야의 여러 나라를 쉽게 백제 세력권으로 끌어들일 수 있었다.

이를 기반으로 백제-가야-왜로 연결되는 반(反)고구려 세력이 형성되었다. 고구려가 모용씨에게 타격을 받은 틈에, 백제는 마한의 잔여 세력을 합치고 가야·신라·왜와 관계까지 주도적으로 맺어나가 남쪽에서 세력권을 넓히는 성과를 거둔 셈이다.

근초고왕 때를 백제의 전성기로 보는 이유가 바로 여기에 있다. 가야와 왜를 끌어들이며 고구려에 대항하는 핵심 세력의 역할을 해냈기 때문이다. 물론 일본에서는 왜를 고구려에

대항한 중심 세력으로 보려 한다. 그렇지만『삼국사기』「고
구려본기(高句麗本紀)」에 한마디도 나오지 않는 왜라는 존재
를 고구려의 핵심 라이벌로 보겠다는 발상은 애초부터 무리
다. 심지어『일본서기』에서조차 200년 넘게 이어졌다는 고
구려와 대립과 갈등에 대해 신빙성 있게 언급한 대목이 거
의 없다.

반면에 고구려와 백제는 원수 사이라고 할 만큼 자주 분
쟁을 벌였다. 백제는 고구려가 광개토왕비에서 '백잔(百殘)'
이라 부를 만큼 강한 증오를 표현하고 있는 존재였다. 즉 고
구려가 백제를 주요 경쟁자로 여겼다는 사실이 적나라하게
드러나 있는 것이다. 결국 근초고왕 때 국제 정세는 백제와
고구려를 중심으로 형성된 대립 구도에 다른 세력이 말려드
는 양상이었던 셈이다.

물론 고구려는 백제가 중심이 된 세력권의 성립을 용납하
려 하지 않았다. 근초고왕이 남쪽 방면에서 활발하게 활동하
던 369년(근초고왕 24) 9월, 고국원왕(故國原王)은 친히 보병
과 기병 2만 명을 동원하여 백제의 북쪽 변경을 침략해 왔다.
고구려군은 치양(雉壤)까지 진출한 다음 군사를 나누어 민가
를 약탈했다.

백제의 남방 진출은 처음부터 고구려를 의식한 것이었기
에, 고구려로서는 이를 가만히 앉아서 지켜볼 수만은 없었

다. 백제가 남방을 세력권에 넣는 것은 장차 고구려에 잠재 위협으로 작용할 터였다. 고구려는 후환을 막기 위해 어떻게든 견제를 해두어야 했다. 따라서 이 침공은 미래의 위험 요소를 미리 억누르려는 의도였다고 보인다.

백제 측에서는 근초고왕은 나서지 않고 태자의 지휘 아래 군사를 보내 고구려군을 맞았다. 태자 근구수(近仇首)는 지름길로 신속하게 치양까지 간 다음 고구려 군대와 맞부딪혔다. 이 전투에서 백제는 승리를 거두었다. 고구려군은 5,000여 명의 전사자와 포로를 내고 퇴각해야 했다. 백제군은 패주하는 고구려군을 쫓아 수곡성(水谷城) 서북쪽까지 추격했지만 거기서 멈추고 돌아왔다.

이때 고구려군은 정예부대가 아니라 숫자만 채운 오합지졸이 태반이었다. 그랬기에 근구수가 이끌고 온 백제군에 너무 쉽게 격퇴당한 것이다. 고구려로서는 나름대로 감행해야만 했던 견제 작전이었으나 오합지졸을 동원한 것은 이유가 따로 있었다. 이 작전의 목적 자체가 주요 전략 거점을 노린 전면전이 아니라, 남방에서 벌어지고 있는 백제의 작전을 방해하는 데 있었기 때문이다.

백제 측은 사로잡은 포로[虜獲]들을 장수와 군사 들에게 나누어주었다고 한다. 그리고 이해 11월에 한수 남쪽에서 크게 사열했다. 이때 깃발은 모두 노란색[黃色]을 사용했다. 노란색이 황제의 상징이라는 점을 보아, 이를 두고 근초고왕이 황제를 칭했다고 해석하기도 한다. 도교의 상징 색 또한 노란색이기 때문에 백제가 도교적인 색깔을 깃발에 사용했다고 주장하는 경우도 있으나 별 설득력은 없다.

근초고왕의 가야 관리와 임나일본부

고구려의 침공에 백제는 태자가 지휘하는 일부 부대만 보내 고구려군을 맞아 싸웠을 뿐, 최고 통치자인 근초고왕은 가지 않았다. 고구려 측에서 고국원왕이 직접 나섰던 점과 대비된다. 그 이유는 가야와 마한 관리에 있었다고 여겨진다.

특히 같은 세력권 안에서 성장한 마한에 비해 이질감이 컸던 가야는 백제가 신경 써 관리해야 할 존재였다. 가장 큰 차이는 마한 잔여 세력 대부분은 백제 영역에 흡수된 반면, 가야 세력은 어느 정도 정치적 독립을 인정받았다는 점이다. 직접 흡수하기 어려웠다는 사실이 이러한 차이를 불러온 듯하다.

그러면서 가야 통제에서 골치 아픈 또 한 가지 요소가 부각되었다. 별것 아닌 것 같지만 가야가 10여 개의 작은 독립 국가로 이루어져 있었다는 점이 변수였다. 이 나라들을 아무 조치 없이 백제의 의도대로 통제하기는 곤란했다. 중요한 문제가 생겼을 때, 백제 혼자서 서로 다른 가야 소국들의 이권과 갈등을 조정하면서 이끌고 나아가기는 사실상 불가능하기 때문이다.

이러한 문제를 극복하기 위해 고안해낸 방법이 이들을 통합된 조직으로 묶는 것이었다. 그렇게 되면 사소한 이권 조정은 대표들을 모아놓은 자리에서 가능해진다. 이런 체제는 각국 대표자가 모여 주요 문제를 논의하는 정치기구의 형태로 완성되기 마련이다. 그것이 '임나(任那)'였다. 이는 미국이 제2차 세계대전이 끝난 다음 나토(NATO)를 만든 이유와 일맥상통할 것이다.

백제의 영향 없이도 가야가 연맹체를 구성하는 단계까지는 갔겠지만, '임나'라는 연맹체는 좀 더 특별한 의미를 가진다. 임나의 특징으로는 크게 두 가지를 꼽을 수 있다. 첫째는 임나에 왜가 끼어 활동하고 있다는 점이다.

사실 백제로서는 가야 세력을 통합 관리하면서 왜만 따로 떼어놓을 필요는 없었다. 가야와는 이질적인 집단인 이른바 '일본부'가 임나에 끼어 있게 된 배경은 이런 사정과 깊은 관계가 있다. 왜는 전통 교역 파트너였던 가야와 교역 활성화를 위해 임나에 가입시켜주도록 백제에 요구했을 가능성이 크다.

이는 백제에도 나쁠 것이 없다. 가야에 왜까지 하나의 조직으로 묶어놓으면 한 번에 상대할 수 있고, 복잡한 세부 사항은 자기들끼리 해결하도록 떠맡길 수 있다. 백제는 배후에서 조정만 하면 되는 것이다. 가야 또한 일본부의 존재가 별로 나쁠 것이 없다. 장기간 우호관계를 유지해왔던 왜와 좀더 활발하게 교류할 수 있는 창구를 가지는 셈이기 때문이다.

이렇게 해서 설치된 것이 이른바 '일본부'다. 다시 말해서 '임나일본부(任那日本府)'란 정치 연합체인 임나에 파견된 왜(일본) 대표부를 의미한다고 보면 이해가 쉬울 것이다. 임나에 파견된 왜의 요원은 임나국사(任那國司)라고 되어 있다. 왜가 워낙 이질적인 집단이기 때문에 가야에서 파견된 요원과는 구별했지만, 어쨌든 임나를 구성했던 한 요소인 것만은 분명하다. 이를 통해 왜는 교역 문제를 비롯해 한반도와 얽힌 여러 가지 정치적·경제적 현안을 조정할 창구를 갖게 된 셈이다.

'임나일본부'의 실체에 대해서는 여러 가지 다른 해석이 있다. 그리고 이 해석에 따라 당시의 국제 정세를 보는 시각이 크게 달라진다. 그러나 지금까지 제시된 해석들은 각각 문제가 많아 해결책이 되지 못했다. 이런 학설들 대부분이 '임나'와 '일본부'가 별개의 것이라는 기초적인 사실부터 간과했기 때문에 약점이 많을 수밖에 없었다. 여기서 지면을 할애하여 그 자세한 이야기를 일일이 다루기는 곤란하므로 구체적인 내용은 생략한다.

임나 속에 일본부가 생긴 것은 단순히 왜의 필요를 충족시키는 이상의 파생 효과를 가진다. 세 개의 세력이 백제를 중심으로 뭉쳐 중요한 일에 힘을 발휘할 장치가 마련된 셈이기 때문이다.

또 한 가지 특징은, 임나가 가야의 연맹체임에도 불구하고 임나를 통제한 인물은 목라근자와 목만치(木滿致: 목리만치木刕滿致, 목협만치木刕滿致 등으로도 쓴다) 부자(父子)였다는 점이다. 목라근자는 근초고왕 때 백제가 가야 지역을 평정하는 데 중요한 역할을 했던 백제의 장군이다. 아들인 목만치에 관한 기록에도 "아버지의 공으로 임나의 일을 전담했다(以其父功 專於任那)"라는 구절이 나온다. 임나에 대한 목씨 부자의 영향력이 얼마나 컸는지 보여주는 대목이다. 백제의 장군이 임나를 통제했다는 사실에서 임나에 대한 백제의 지배력이 어느 정도였는지 알 수 있다.

이러한 정황을 보면 가야 여러 나라의 정치 통합체인 임나는 백제가 만들었다고 봐야 할 듯하다. 백제가 초점을 맞춘 점은 기존의 연맹체를 확대·강화하여 백제 주도 체제로 개편하는 것이었다. 임나라는 단어가 5세기 초나 되어서야 처음 나타나는 것도 5세기에서 멀지 않은 시점인 근초고왕

때 생겼기 때문일 것이다.

이전과 달리 임나라는 명칭으로 등장하면서부터는 이 연맹체가 가야 자체의 필요성보다는 외부 세력인 백제의 입김이 더 커진 셈이다. 임나를 백제가 통제하는 독특한 구조가 나타나는 것은 이 때문이라 할 수 있다.

목라근자는 임나를 관리·통제하기 위해 감독관 역할로 파견된 사람이었다. 가야 지역을 백제 세력권으로 흡수하는 데 공이 컸으니, 그가 임나를 통제하는 역할을 맡은 것은 일면 당연하다.

목라근자는 가야에 오랫동안 머물렀던 듯하다. 현지 사정을 잘 파악하려면 많은 시간을 그곳에서 보내야 하는데, 교통이 불편한 당시에 가야와 백제를 계속해서 드나들기는 곤란했을 것이다. 그래서 목라근자는 부인도 현지에서 얻었던 것 같다. 그 편이 가야인들과 유대를 돈독히 하는 데 유리하다. 아들 목만치 역시 현지에서 부인을 얻었던 것 같다.

목라근자와 목만치는 아버지와 아들 사이인지 의심스럽다는 말이 나올 정도로 나이 차이가 꽤 난다. 목라근자가 한동안 가야 지역에 머물다가 뒤늦게 가정을 이루어 목만치를 낳았기 때문일 것이다. 이렇게 목라근자 일가의 대를 이은 활동 덕분에 백제는 한동안 임나, 즉 가야에 대한 통제를 유지할 수 있었다.

목라근자 일가는 임나에서 활동을 기반으로 백제의 대성 팔족(大姓八族) 중 하나로 꼽힐 만큼 백제 내부에서 무시할 수 없는 가문으로 성장했다. 백제의 대표적 귀족 가문 8개 성씨인 대성팔족에 대해 기록한 중국 역사서는『수서(隋書)』 『북사(北史)』『신당서(新唐書)』『통전(通典)』, 그리고「괄지지 (括地志)」를 인용한『한원(翰苑)』 등이다. 그런데 8개 성씨에 대한 내용이 저마다 조금씩 다르다.

『수서』와『신당서』에는 사씨(沙氏)·연씨(燕氏)·협씨(劦氏) ·해씨(解氏)·정씨(貞氏)·국씨(國氏)·목씨(木氏)·백씨(苩氏)라 고 적혀 있으며,『북사』에는 사씨(沙氏)·연씨(燕氏)·협씨(劦 氏)·해씨(解氏)·진씨(眞氏)·국씨(國氏)·목씨(木氏)·묘씨(苗氏) 로 나온다. 또한『통전』에는 사씨(沙氏)·연씨(燕氏)·협씨(劦 氏)·해씨(解氏)·진씨(眞氏)·국씨(國氏)·목씨(木氏)·백씨(苩氏) 라고 적혀 있으며,『한원』에 인용된「괄지지」에는 사씨(沙氏) ·연씨(燕氏)·협씨(劦氏)·해씨(解氏)·진씨(眞氏)·목씨(木氏)· 수씨(首氏)로 나온다.

한편『삼국사기』등의 국내 기록에는 정씨(貞氏)·묘씨(苗 氏)·수씨(首氏)가 전혀 보이지 않으며, 대신 진씨(眞氏)와 백 씨(苩氏)가 자주 나온다. 이에 중국 기록 가운데『통전』이 가 장 정확한 것으로 인정되고 있다.

그러나 목씨 가문의 권력은 그리 오래가지 않았다. 세월이 흘러 문주왕(文周王)의 웅진(熊津) 천도 이후 불안정한 상황 속에서 해씨(解氏) 세력이 실권을 잡고 위세를 떨쳤다. 그러자 목만치는 해씨 세력에 밀려 왜로 건너갔다. 소가씨(蘇我氏)의 시조가 바로 이때 건너간 목만치였다고도 한다.

근초고왕 말년의 에피소드

대규모 정복 사업이 있었던 369년의 다음 해 5월, 구저가 지쿠마노 나가히코와 함께 왜로 파견되었다. 그러자 진구황후가 백제 사신이 자주 오는 점을 기뻐했고, 구저는 천황가의 은혜에 감복하여 자주 조공을 오게 된다고 대답했다 한다. 그런 다음 "천황이 다사성(多沙城)을 더 하사하여 오고 가는 길의 역(驛)으로 삼게 했다"고 한다.

그런데 이런 기록이 3년 정도 계속 나타난다. 다음 해에도 구저가 백제 사신으로 왜에 파견되었다. 이번 역시 진구황후는 "백제와 교류하게 된 것은 사람의 뜻이 아니라 하늘의 뜻인데, 이렇게 해를 거르지 않고 진귀한 조공품을 바치는 정성"에 감격했다고 한다. 그리고 구저에게 지쿠마노 나가히코를 딸려 백제에 보냈다. 이때 진구황후가 백제에 은총을 내린다는 덕담을 보내자, 근초고왕과 태자가 감격하여 충성을 바치겠다고 맹세했다 한다.

『일본서기』에 이처럼 황당한 내용이 나타나는 해인 371년 (근초고왕 26), 고국원왕은 3년 전의 패배를 설욕하기 위해 다시 백제를 공격했다. 그러나 이 침공은 근초고왕이 패하(浿河)에 매복시킨 복병을 만나 좌절되었다. 이해 10월, 백제는 그 보복으로 3만 병력을 동원해 평양성(平壤城)을 공격했고, 이 전투에서 고국원왕이 전사했다.

『삼국사기』에는 이때 고국원왕이 "빗나간 화살[流矢]에 맞아 죽었다"고 되어 있다. 반면 백제에서 중국으로 보낸 국서에는 백제 측에서 고국원왕의 머리를 베었다고 한다. 그렇지만 고국원왕이 전사한 후 백제는 바로 군대를 철수시켰다. 이를 보면 고구려가 왕이 잡혀 목이 베일 정도로 참패한 것 같지는 않다. 이 전투 이후 근초고왕은 수도[都]를 한산(漢山)으로 옮겼다.

372년(근초고왕 27) 정월과 다음 해 2월에는 동진(東晉)에 조공 사절을 파견했다. 그리고 이해 7월에 지진이 일어났다. 그런데 『일본서기』에는 바로 이해에 백제가 왜로 칠지도(七支刀)를 보내주었다는 기록이 나온다. 이해 9월 초하루 구저 등이 지쿠마노 나가히코를 따라와서 "칠지도 1자루와 칠자경(七子鏡) 1개 및 여러 가지 귀중한 보물을 바쳤다"라고 되어 있는 것이다.

이에 더하여 "백제의 서쪽에 곡나철산(谷那鐵山)을 근원으로 하는 시내가 있는데, 이 물을 마시다가 산의 철을 얻게 되어 성스러운 조정에 길이 바치겠다"며 손자 침류왕(枕流王)에게 "바다 동쪽의 귀한 나라 공물을 끊이지 않게 바치라"는 다짐을 했다 한다. 물론 이 내용을 액면 그대로 믿는 경우는 별로 없다.

373년(근초고왕 28) 7월에는 청목령(靑木嶺)에 성을 쌓았다. 비슷한 시기에 독산성(禿山城) 성주가 300명을 거느리고 신라로 달아났다. 신라에서는 그들을 받아들여 6부에 나누어 살게 했다고 한다.

그런데 이 사건을 두고 백제와 신라가 보이는 태도가 의미심장하다. 근초고왕은 "두 나라가 화친을 맺어 형제가 되기를 약속했었는데, 지금 대왕께서 우리의 도망한 백성을 받아들이니 화친한 뜻에 크게 어긋납니다. 이는 대왕이 바라는 바가 아닐 것입니다. 바라건대 그들을 돌려보내시오"라는 국서를 보냈다. 물론 신라는 이 요청을 거부했다. 독산성주의 망명을 받아들인 신라 내물왕(柰勿王)의 답신은 이랬다. "백성은 줏대가 없습니다. 그러니 생각나면 오고 잘 해주지 않으면 가버립니다. 그러니 대왕께서 백성을 불편하게 한 점은 걱정하지 않고, 도리어 과인을 나무라는 것은 심하지 않습니까?"

근초고왕은 이런 답을 듣고서도 문제 삼지 않았다. 신라의 이권을 빼앗아 가야와 왜를 손아귀에 넣은 상태에서, 몇백 명 때문에 신라와 갈등을 빚을 필요가 없다고 생각한 듯하다.

375년(근초고왕 30) 7월에는 고구려가 북쪽 변경의 수곡성(水谷城)을 공격해 와서 함락시켰다. 왕이 장수를 보내 막게 했으나 이겨내지 못했다. 근초고왕은 보복하려 했으나, 하필 이해에 흉년이 들어 실행으로 옮기지는 못했다. 그리고 11월에 왕이 죽었다.

『삼국사기』에는 고기(古記)를 인용하여 "백제가 이때 이르러 박사(博士) 고흥(高興)을 얻어 비로소 서기(書記)를 갖게 되었다"라는 내용이 나타난다. "고흥이 다른 기록에 나타나지 않아 어떤 사람인지 알 수 없다"고 했지만, 이보다 더 문제가 되는 것은 여기서 말하는 '서기'의 실체다.

『삼국사기』 편찬자들은 "이것이 백제가 처음으로 역사를 정리했다는 뜻인가?"라고 의문을 표했을 뿐 해답을 제시해놓지는 않았다. 그만큼 백제가 이때 "서기를 갖게 되었다"라는 구절은 다양한 해석이 가능하다. 『삼국사기』 편찬자들의 의문대로 이때부터 역사를 편찬하기 시작했다는 뜻일 수도 있고, 그때까지 쌓여온 역사 기록이 『서기』라는 책으로 완성되었다는 뜻일 수도 있다.

단지 고흥에게 박사라는 지위가 있었던 점으로 미루어 볼 때, 관련 제도가 정비되어 있었을 것으로 추정된다. 또한 백제는 중국에서 모시박사(毛詩博士)와 강례박사(講禮博士)를 청해 오기도 했다. 이를 통해 보아도 백제가 비슷한 체제를 이미 갖추고 있었을 가능성은 인정해야 할 듯하다.

그리고 근초고왕 때 무렵 백제가 중국 대륙에 진출했다는 주장이 있다. 이러한 주장은 『송서(宋書)』와 『양서(梁書)』에 "진(晉)나라 때 고구려는 요동을, 백제는 요서를 차지했다"는 기록 등에 근거하여 나왔다. 또 전연(前燕)과 북위(北魏)가 백제와 군사적으로 충돌했으며, 백제의 인물이 중국 대륙에 있는 지역의 태수 등으로 임명되는 기록도 나타난다. 그러나 이를 액면 그대로 인정하느냐, 아니면 오해와 왜곡으로 보아야 하느냐에 대해서는 아직 논란이 있다.

제14대 근구수왕

　『일본서기』에서는 근구수왕(近仇首王)을 귀수왕(貴須王)이라고 불렀다. 여러 가지 정황으로 보아 수(須)가 근구수왕의 이름이었던 듯하다. 그는 근초고왕의 아들로 태자 시절부터 부왕(父王)과 같이 활동했다. 그렇기 때문인지 그의 즉위년 기록에는 특이하게 즉위한 이후가 아닌 태자 시절의 활약상부터 나온다. 369년 고구려가 북쪽 국경을 침략해 왔을 때, 태자였던 그가 군대를 이끌고 격퇴했던 사실로 그의 업적이 시작되고 있는 것이다.

　이 사건은 근초고왕 때 일어났음에도 관련 내용은 근구수왕의 즉위년(375년)에 훨씬 풍부하게 나온다. 고구려의 "고국원왕이 친히 쳐들어 와서, 근초고왕이 태자를 보내 이를 막게 했다"는 점까지는 별 차이가 없지만, 어떻게 해서 이겼는지에 대해서는 근구수왕의 즉위년 기사에 훨씬 자세하게 나오는 것이다.

『삼국사기』「백제본기」 기록에 의하면, 태자 시절의 근구수왕이 반걸양(半乞壤)에 도착하여 전투를 준비하고 있을 때 사기(斯紀)라는 자가 도망쳐 왔다. 그는 원래 백제 사람이었는데 실수로 왕이 타는 말[國馬]의 발굽을 상하게 했다. 그는 처벌이 두려워서 고구려로 도망갔다가 이때 중요한 정보를 가지고 돌아와 백제 측에 제공했다.

그 정보는 "적색 복장을 하고 있는 정예부대만 격파하면, 나머지는 숫자만 채운 병사[疑兵]이기 때문에 저절로 무너져 버릴 것입니다"라는 내용이었다. 고구려 측에서 오합지졸을 동원한 사실이 고구려와 백제 사이를 도망 다니던 자에 의해 드러난 것이다. 태자 근구수는 입수한 정보에 따라 정예부대에 공격을 집중했고, 소수의 정예부대가 무너지자 나머지 병력은 사기가 죽어 싸워보지도 못하고 무너졌다.

이 전투에서 백제군은 패주하는 고구려군을 쫓아 수곡성 서북쪽까지 추격했다. 백제군은 그 이상 추격하지 않았는데, 이는 고구려군의 반격 때문이 아니라 장군 막고해(莫古解)의 만류 때문이었다.

막고해는 "일찍이 도가(道家)의 말에 '만족할 줄 알면 욕되지 않고 그칠 줄 알면 위태롭지 않다'고 했습니다. 지금 얻은 것도 많은데 너무 욕심낼 필요가 없습니다"라고 하며 추격을 만류했다. 근구수도 "누가 다시 여기에 이를 수 있겠는가?"하며 백제군이 그곳까지 진격했다는 표시를 하는 것으로 만족하고 말았다. 『삼국사기』에는 표시를 한 곳에 "말발굽같이 틈이 생긴 바위가 있는데 사람들이 지금[고려 시대]까지 '태자의 말 발자국'이라고 부른다"는 설화적인 내용이 기록되어 있다.

이 작전에는 고구려 병력이 2만 명이나 동원되었고, 고국원왕이 친히 지휘하기까지 했다. 그럼에도 불구하고 고구려군이 한 일이라고는 민가를 약탈한 것뿐이었다. 겨우 민가 약탈이나 하려고 국왕이 직접 이렇게 대규모 병력을 동원하여 나섰을 리는 없을 것이다. 반면 백제 측에서는 근초고왕이 직접 나서지 않고 태자를 보냈을 뿐이다. 이런 차이는 앞서 살펴보았듯이 이 작전의 목적 자체가 백제에 대한 전면 침공이라기보다, 백제가 남방을 세력권으로 확보하는 것을 견제하는 데 있었기 때문으로 보인다. 그 점을 간파한 백제는 태자가 지휘하는 기동 부대만 보냈고, 이로써 근초고왕은 정복 사업의 마무리를 지은 듯하다.

근구수왕은 즉위한 다음 해인 376년에 장인 진고도(眞高

道)를 내신좌평으로 삼아 정사를 맡겼다. 이해 11월에 고구려가 북쪽 변경에 쳐들어 왔고, 이후 다음 해까지 고구려와 전쟁이 이어졌다. 377년(근구수왕 3) 10월, 근구수왕은 군사 3만 명을 거느리고 고구려의 평양성을 치는 보복 작전을 감행했다. 다음 달인 11월에 고구려가 또다시 쳐들어 왔다.

379년(근구수왕 5) 3월에는 동진에 조공 사절을 보냈다. 그런데 그 사신이 바다에서 폭풍을 만나 동진에 도착하지 못하고 돌아왔다.

이해 4월에 하루 종일 흙이 비처럼 내렸다[雨土]. 이후 재해와 기상이변이 이어졌다. 다음 해인 380년(근구수왕 6)에는 전염병이 크게 번졌다. 이해 5월에는 땅이 갈라졌다. 깊이 다섯 장(丈: 1장은 약 3미터), 너비 세 장이나 되었는데 3일 만에 합쳐졌다고 한다.

382년(근구수왕 8)에는 봄부터 6월까지 가뭄이 계속되었다. 굶주려 자식을 파는 백성들이 나오자, 근구수왕은 나라의 곡식[官穀]으로 아이들의 값을 치르고 물러주었다[贖之].

『일본서기』에는 이해 즈음에 왜가 소쓰히코(襲津彦)에게 조공해 오지 않는 신라를 정벌하게 했다고 적혀 있다. 또 같은 내용을 두고 『백제기(百濟記)』를 인용하여 다른 스토리를 제시하기도 한다. 신라 정벌을 위해 사치히코(沙至比跪)를 보냈는데, 이자가 신라가 바친 미녀에게 유혹당하여 신라가 아닌 가라국(伽羅國)을 쳤다는 것이다.

이 때문에 가라국 왕 기본한기(己本旱岐) 등이 백제로 망명했고, 백제는 이들을 후대하며 받아들였다. 그러자 가라국왕의 누이 기전지(旣殿至)가 왜로 건너가 사치히코의 만행을 알리자, 천황이 크게 노하여 목라근자에게 가라의 사직을 복구시키도록 명령했다고 한다.

여기에 또 다른 에피소드가 추가되어 있다. 사치히코는 천황의 분노를 알자 숨었다. 그런데 마침 그의 누이가 천황의 총애를 받고 있어 누이를 통해 용서를 받을 수 있을지 떠보았다. 누이는 "오늘 밤 꿈에 사치히코를 보았습니다"라며 천황을 떠보았으나, 천황은 "사치히코가 어찌 감히 오느냐"라며 화를 냈다. 누이는 천황의 말을 그대로 전했고, 절망한 사치히코는 바위굴에 들어가서 죽었다.

물론 역사 기록으로서 특별한 가치를 인정받기 어려운 내용이다. 전문가들은 이 내용을 액면 그대로 믿기보다 어떤 내용을 이렇게 왜곡했는지 그 근원을 캐려 하는 것이 보통이다.

384년(근구수왕 10) 2월에는 햇무리[暈]가 세 겹으로 둘렸고, 궁중의 큰 나무가 저절로 뽑히는 일이 있었다. 그리고 4월에 왕이 죽었다.

제15대 침류왕

    침류왕(枕流王)은 근구수왕의 맏아들로, 어머니는 아이부인(阿尒夫人)이라는 가족관계가 기록에 남아 있다. 근구수왕의 뒤를 이어 왕위에 올랐지만 바로 다음 해에 죽었기 때문에 많은 업적을 남기지는 못했다. 즉위한 해인 384년 7월, 동진에 조공 사절을 파견한 것이 첫 번째 치적으로 기록되어 있다.

    이 외에는 불교 도입에 관한 내용만이 나타난다. 이해 9월에 동진에서 호승(胡僧: 인도 승려로 추측하는 경우가 있다) 마라난타(摩羅難陁)를 파견해주었다. 침류왕은 마라난타를 궁궐 안으로 모시고 좋은 대우를 해주었다. 이를 백제에 불교가 보급되는 첫 단계로 본다. 이렇게 중국 남조(南朝) 왕조인 동진에서 불교를 도입한 영향으로, 백제에는 소승불교 계통인 계율종(戒律宗)이 주류를 이루었다.

385년(침류왕 2)에는 불교 도입에 따른 후속 조치가 취해졌다. 2월에 한산에 절을 세우고, 열 사람이 승려가 되는 것을 허가해주었다[度僧]. 침류왕은 이해 11월에 죽었다.

제16대 진사왕

진사왕(辰斯王)은 근구수왕의 둘째 아들이다. 강인하고 총명하며, 지략이 많으면서 어질었다는 평가를 받았다. 침류왕이 죽자 태자가 어렸기 때문에, 침류왕의 동생이자 태자의 숙부인 진사가 왕위에 올랐다.

즉위한 다음 해인 386년(진사왕 2) 봄에 나이 15세 이상 사람들을 징발하여 국경을 방어할 관문[關防]을 설치했다. 그 범위는 청목령(靑木嶺)에서부터 북쪽으로는 팔곤성(八坤城), 서쪽으로는 바다까지였다. 7월에 서리가 내려 농사를 망쳤고 다음 달인 8월에 고구려가 쳐들어 왔다. 이 침공의 결과에 대해서는 언급이 없다.

387년(진사왕 3) 정월에 진가모(眞嘉謨)를 달솔(達率)로, 두지(豆知)를 은솔(恩率)로 삼았다. 이들을 등용한 이후인 9월에 말갈이 쳐들어와 관미령(關彌嶺)에서 싸웠으나 이기지 못했다. 이때의 충돌은 130년 만에 나타난 말갈과 분쟁이었다. 389년(진사왕 5) 9월에는 고구려의 남쪽 변경을 침략하여 약탈을 감행했다. 그러나 이 침공의 결과와 영향에 대해서도 별다른 언급이 없다.

다음 해인 390년(진사왕 6) 7월에 살별[星孛]이 북하(北河: 쌍둥이자리)에 나타나는 이변이 있었다. 9월 진사왕은 3년 전 달솔에 임명했던 진가모에게 고구려 침공을 명령했다. 이 침공으로 도곤성(都坤城)을 함락시키고 200명을 사로잡았다. 진사왕은 공을 세운 진가모를 병관좌평으로 삼았다. 10월에는 구원(狗原)에서 사냥하다가 7일 만에 돌아왔다.

391년(진사왕 7) 정월에 왕은 궁궐을 수리하면서 못을 파고 산을 만들어 여기에 기이한 새와 화초를 길렀다. 4월에는 말갈이 북쪽 변경의 적현성(赤峴城)을 공략하여 함락시켰다. 그럼에도 진사왕은 7월에 나라 서쪽의 큰 섬에서 사냥하며 직접 사슴을 쏘아 맞혔다. 다음 달인 8월에 또 횡악(橫岳) 서쪽으로 사냥을 나갔다.

392년(진사왕 8) 5월 초하루 정묘(丁卯)에 일식이 있었다. 그리고 7월, 고구려 광개토왕(廣開土王)이 4만 병력을 이끌

고 북쪽 변경을 침공해 와서 석현성(石峴城) 등 10여 성을 함
락시켰다. 광개토왕 즉위 후 고구려의 백제 공략이 거세어진
시발점이었다.

이렇게 고구려에 많은 성을 빼앗기고도, 진사왕은 광개토
왕의 전략·전술이 뛰어나다는 말을 듣고 방어에 적극 나서
지 않았다. 이 때문에 한수 북쪽에 있던 많은 부락이 고구려
손에 들어갔다. 10월, 고구려는 그 기세를 타고 서해의 요충
지 관미성(關彌城)을 함락시켰다. 그럼에도 진사왕은 열흘이
지나도 돌아오지 않고 구원에서 사냥에 몰두하다가 11월, 그
곳 행궁(行宮)에서 죽었다. 진사왕이 갑작스럽게 죽은 것은
백제 내부의 권력 투쟁으로 살해당했기 때문이라는 해석도
있다.

이 사건을 두고 『일본서기』에서는 진사왕이 왜에 실례를
저질러 왜가 기노쓰노노스쿠네(紀角宿禰) 등을 파견하여 그
무례함을 책망했다고 적어놓았다. 그랬더니 백제 측에서 진
사왕을 죽여 사죄했다는 것이다. 기노쓰노노스쿠네 등은 아
화(阿花: 아신왕阿莘王)를 왕으로 세우고 돌아왔다고 한다. 이
내용 또한 『일본서기』의 신뢰성을 떨어뜨리는 사례 중 하나
로 지목된다.

제17대 아신왕

아신왕(阿莘王)은 침류왕의 맏아들로 아방(阿芳)이라고도 불렸다. 한성(漢城)의 별궁(別宮)에서 태어났을 때 신비로운 광채가 밤에 비쳤다고 한다. 자라면서 기개와 포부가 두드러졌으며, 매사냥과 말타기를 좋아했다. 아버지인 침류왕이 죽었을 때, 그의 나이가 어려 숙부인 진사왕이 즉위했음은 앞서 언급했다. 진사왕이 즉위 후 8년 만에 죽자 아신왕이 자신의 자리를 되찾은 셈이다.

아신왕은 즉위한 다음 해인 393년 정월에 동명묘를 찾아 뵈었다. 또 남쪽 제단[南壇]에서 하늘과 땅에 제사 지냈다. 그리고 외삼촌인 진무(眞武)를 좌장(左將)으로 삼아 군사 업무를 맡겼다. 진무는 성품이 침착하고 강인하면서도 지략이 있어 많은 사람들이 따르는 인물이었다.

393년(아신왕 2) 8월, 아신왕은 진무에게 '북쪽 변경의 요충지 관미성을 고구려에게 빼앗긴 것이 분하고 애석하니 설욕하라'는 뜻을 전했다. 이에 따라 진무는 1만 명의 병력을 이끌고 고구려의 남쪽 변경 공략에 나섰다. 진무가 진두지휘하여 관미성 포위 공략을 독려했으나, 고구려 측의 농성에 성은 함락되지 않았다. 결국 군량이 떨어진 백제군은 철수해야 했다.

394년(아신왕 3) 2월, 맏아들 전지(腆支)를 태자로 삼고, 대규모 사면을 해주었다. 그리고 배다른 동생 홍(洪)을 내신좌평으로 삼았다. 7월에는 고구려와 수곡성(水谷城) 밑에서 싸웠으나 졌다. 이 시기 금성[太白]이 낮에 나타났다고 한다.

395년(아신왕 4) 2월에 살별[星孛]이 서북쪽에 나타났다가 20일 만에 없어졌다. 불길한 징조 때문인지 전황은 나아지지 않았다. 8월에 백제는 진무 등의 지휘 아래 다시 한 번 고구려를 공격했지만 참패를 면치 못했다. 패수(浿水) 가에서 광개토왕이 직접 지휘하는 고구려군에 패하여 8,000명의 희생만 치렀다.

11월, 아신왕은 패수에서 당했던 패전을 설욕하려고 직접 7,000명의 군사를 거느리고 한강을 건너 청목령(靑木嶺)까지 진출했으나, 큰 눈을 만나 얼어 죽는 병사가 속출하자 고구려군과 제대로 싸워보지도 못하고 철수해야 했다. 아신왕은 할 수 없이 군대를 돌려 한산성(漢山城)에 도착한 다음 군사들을 위로했다.

397년(아신왕 6) 5월, 아신왕은 왜국(倭國)과 우호 강화에 나섰다. 그 결과 태자 전지가 왜에 볼모로 갔다. 이를 왜에 대한 백제의 복속 표시로 해석하는 경우가 있으나, 이 역시 뒤이어 벌어진 상황을 보면 타당성은 없어 보인다. 백제가 왜에 복속하는 형태였다면, 신라에 대한 정책에서 백제가 주도하고 왜가 따라가는 식이 되지는 않았을 것이다. 또 나중에 언급하겠지만 나제동맹(羅濟同盟)이 맺어지는 것을 왜가 방관하지도 않았을 것이다.

전지가 왜에 장기 체류한 것은 관계 개선에 적극 나서 활동하려는 의도가 있었기 때문이다. 덕분에 백제와 왜의 관계는 더욱 가까워졌다. 이 무렵 왜의 신라 침공이 심해졌다. 신라가 이전에 비해 왜의 압력을 심하게 느낀 것은 임나가라(任那加羅: 임나가라라는 명칭은 임나의 본부가 있는, 그래서 임나의 중심이 되는 가라국을 의미한다)를 중심으로 한 가야가 왜에 협조했기 때문이다. 이런 기반을 제공한 것이 바로 '임나(任那)'다.

임나의 협조에 힘입어 왜병의 신라 침공 형태도 바뀌었

다. 이전처럼 왜병이 바다를 건너 단독으로 신라를 치는 것
이 아니라, 임나라는 기지를 기반으로 육지에서 공격하는 것
으로 바뀌었다. 임나라는 조직을 통해 가야에 소속된 여러
나라가 보급기지나 전진기지 문제를 해결해주므로 왜병은
전투 이외에는 부담이 없어진다. 이에 따라 신라에 대한 압
박 또한 더 강해진다. 이 전략은 백제의 통제 없이 가능한 일
이 아니었다. 이러한 조치를 취해놓고 아신왕은 7월에 한수
남쪽에서 대규모 사열을 실시했다.

그런데 이때 즈음의『일본서기』에는『백제기』를 인용하여
아신왕이 왜에 실례를 저질렀다는 기록이 나온다. 그래서 탐
미다례(枕彌多禮)와 현남(峴南)·지침(支侵)·곡나(谷那)·동한
(東韓)의 땅을 빼앗았다는 것이다. 그러자 백제에서는 왕자
"직지(直支)를 왜로 보내 우호를 다지게 했다"고 되어 있다.
이 또한 신빙성은 없다.

398년(아신왕 7) 2월, 아신왕은 진무를 병관좌평으로 승진
시키고, 진무의 자리이던 좌장에는 사두(沙豆)를 임명했다.
3월에는 쌍현성(雙峴城)을 쌓았고, 8월에는 고구려 정벌을 위
해 군사를 동원하여 한산 북쪽의 목책까지 진출했다. 그런데
하필 그날 밤에 큰 별이 소리를 내며 병영 안으로 떨어졌다.
아신왕은 이를 불길한 징조로 받아들이고 정벌을 중지해버
렸다. 그리고 9월, 수도에 사는 사람들[都人]을 모아 서쪽 돈

대[西臺]에서 활쏘기를 익히게 하는 정도로 그쳤다.

그렇지만 다음 해인 399년(아신왕 8) 8월, 왕은 다시 고구려를 정벌하고자 군사와 말을 대규모로 징발했다. 그러자 무리한 동원에 시달린 백성들 상당수가 신라로 도망가 호구가 줄었다고 한다.

400년(아신왕 9)에는 불길한 징조들이 이어졌다. 2월에는 살별[星孛]이 규(奎)와 루(婁)에 나타났다. 6월 초하루 경진(庚辰)에는 일식이 있었다.

그리고 이해 고구려가 왜군에 시달리던 신라에 구원병을 파견하며 임나가라까지 정벌했다. 이때 고구려군은 속전속결을 목표로 삼아, 애초부터 저항할 꿈조차 못 꿀 정도의 대병력을 동원하여 왜군을 압박하며 작전을 끝냈다. 임나 역시 크게 저항하지 않았다. 압도적인 고구려군의 무력에 저항할 생각을 하지 못했기 때문이다. 고구려가 이렇게 작전을 감행하는 바람에 백제는 개입할 기회마저 전혀 잡지 못했다.

이 작전으로 백제 중심 동맹체의 핵심인 임나가 붕괴해버렸다. 백제는 다음 해 뒤늦게 왜병과 함께 고구려를 공격해 봤으나 효과를 거두지는 못했다. 근초고왕이 공들여 닦아놓은 동맹 체제가 광개토왕 때문에 깨져버린 셈이다.

402년(아신왕 11) 여름에는 가뭄에 시달렸다. 벼가 타서 마르는 지경이 되자 아신왕은 친히 횡악(橫岳)에서 제사 지냈

다. 그랬더니 곧 비가 왔다. 가뭄을 넘긴 후인 5월, 아신왕은
왜국에 사신을 보내 큰 구슬을 구해 오도록 했다.

이 무렵 『일본서기』에는 "백제 왕이 봉의공녀(縫衣工女)를
바쳤다"라고 되어 있다. 그녀의 이름은 진모진(眞毛津)이라
고 했는데, 이 여자가 "오늘날 내목의봉(來目衣縫)의 시조"라
고 소개해놓았다.

그리고 이해에 궁월군(弓月君)이 백제에서 왜로 귀화했다
는 기록도 있다. 그는 "우리나라 120현(縣)의 인부(人夫)를
이끌고 귀화하려 했는데, 신라인이 방해하여 모두 가라국에
머물고 있다"라고 했다. 그래서 왜에서는 가쓰라기노 소쓰
히코(葛城襲津彦)에게 그 인부들을 가라에서 데리고 오라는
임무를 주어 파견했다. 그러나 3년이 지나도 가쓰라기노 소
쓰히코는 돌아오지 않았다고 한다(시간이 지난 후 신라에 압력을
넣어 데려왔다 한다).

다음 해인 403년(아신왕 12) 2월에 왜국에서 사신을 보내
왔다. 아신왕은 이 사신을 맞아 특별히 후하게 대접했다고
한다. 이처럼 아신왕이 왜와 우호를 다지는 데 애를 쓴 것은,
신라에서 실성왕(實聖王)이 즉위한 뒤 왜에 인질을 보내며
우호를 다졌던 데 대한 대응으로 보인다.

이해 7월에 군사를 보내 신라의 변경을 공략했다는 점도
이러한 맥락에서 주목된다. 이 분쟁은 책계왕에서 무령왕(武

寧王)에 이르기까지 거의 300년 동안 유일하게 나타나는 신라와 전쟁이기 때문이다. 책계왕 이전에는 실제로 백제와 신라가 전쟁을 벌였는지가 의심스러울 정도이므로 논외로 친다고 하더라도(앞에서 이야기했듯이, 백제와 전쟁을 벌였다는 신라가 실은 신라가 아니라 진한이라는 주장도 있다), 성왕 대까지 신라와 직접 분쟁이 없었다는 사실마저 무시할 수는 없다.

백제가 하필 이때 신라를 침공한 배경은, 이 시기가 바로 신라의 인질이 왜에 간 다음 해라는 점에서 짐작해볼 수 있다. 즉 왜와 관계 개선에 나선 신라의 시도가 성공을 거둔다면, 백제 – 왜 관계의 주도권을 왜의 양다리 외교에 내어주는 꼴이 된다. 그럴 경우, 고구려의 임나가라 정벌로 가야가 백제의 영향권에서 이탈해버린 상태에서, 백제에는 믿을 만한 우방이 남지 않게 된다.

백제는 이 난국을 타개하는 수법으로 신라와 관계를 극한으로 몰아간 후, 왜에 선택을 강요하는 전략을 택했던 것으로 보인다. 왜는 백제를 포기하지 못했다. 왜는 백제가 신라를 공격한 지 2년이 못 된 405년, 다시 신라를 침공하기 시작했다. 광개토왕비에는 그 직전인 404년 백제가 왜와 함께 대방의 옛 땅을 공략했다고 되어 있다.

왜를 두고 벌어진 외교에서 일단 성과를 거둔 아신왕은 즉위한 지 14년째인 405년 3월, 신기한 현상을 겪었다. 이때

한 필의 비단[匹練] 같은 흰 기운이 왕궁 서쪽에서 일어났다고 한다. 이런 일이 있고 난 후 9월에 왕이 죽었다.

이 시기 즈음 백제는 아직기(阿直岐: 아지길사阿知吉師라고도 한다)·왕인(王仁) 등을 왜에 파견해주었다. 왜의 숙원 사업이던 선진 문물 도입을 백제가 해결해준 것이다. 백제의 도움은 일본 아스카(飛鳥) 문화의 발전에 큰 영향을 주었다.

『일본서기』에는 아직기가 백제에서 왜에 보낸 좋은 말 2필을 돌보았다고 되어 있지만 신빙성은 의심스럽다. 말을 돌보던 아직기는 곧 경전(經典)을 잘 읽어 우지노와키이라쓰코(兎道稚郎子) 태자의 스승이 되었다고 한다.

그러자 일본 천황이 아직기에게 "혹 너보다 뛰어난 박사가 또 있느냐?"라고 물었다. 이때 아직기가 왕인을 추천했고, 그래서 왕인이 왜로 파견되었다고 한다. 왕인 역시 우지노와키이라쓰코 태자의 스승이 되었다. 왕인은 후미노오비토(書首 또는 文首) 같은 유력한 호족의 선조(先祖)가 되었다고 한다.

제18대 전지왕

　전지왕(腆支王)은 직지(直支)라고도 불렸다.『양서(梁書)』에
나오는 이름은 영(映)이다. 아신왕의 맏아들로 아신왕이 즉
위한 지 3년 만에 태자로 삼았고, 즉위 후 6년째 되는 해에
왜국에 볼모로 보냈다. 이 때문에 아신왕이 죽었을 때, 전지
는 왜국에 가 있던 상태여서 왕위를 이을 수 없었다. 태자가
돌아올 때까지 아신왕의 둘째 동생 훈해(訓解)가 섭정(攝政)
을 하고 있었다.

　그런데 이때 아신왕의 막냇동생 혈례(碟禮: '설례' 또는 '접
례'라고도 한다)가 훈해를 죽이고 왕위에 올랐다. 왜국에 있던
전지는 부왕이 죽었다는 소식을 듣자 울며 왜 왕에게 귀국

하기를 청했다. 왜 왕은 호위병 100명을 붙여 전지를 귀국시켜주었다. 『일본서기』에는 천황이 전지에게 "동한(東韓)의 땅을 주어 보냈다"라고 되어 있다. 물론 믿을 만한 이야기는 못 된다.

전지가 백제 내부 사정을 제대로 파악하지 못한 상태에서 입국하려고 할 즈음, 한성 사람 해충(解忠)이 그를 찾아왔다. 해충은 아신왕이 죽은 다음 숙부 혈례가 찬탈한 상황을 전지에게 알리고, 경솔하게 한성에 들어가지 말라고 말렸다. 사정을 파악한 전지는 왜 왕이 붙여준 왜인(倭人)의 호위를 받으며 섬에 머물며 기다렸다. 마침내 찬탈을 한 혈례는 백성들에게 제거되고, 전지가 왕위에 올랐다. 전지왕의 왕비는 다음 왕인 구이신(久尒辛)을 낳은 팔수부인(八須夫人)이다.

위기를 넘긴 406년(전지왕 2) 정월에 왕은 동명묘를 찾아뵙고, 남쪽 제단[南壇]에서 하늘과 땅에 제사 지냈다. 그리고 대규모 사면을 해주며 민심을 수습했다. 2월에는 동진에 조공 사절을 보내며 외교관계 정비에 나섰다.

9월에는 해충(解忠)을 달솔로 삼고 한성의 조(租) 1,000섬을 주었다. 이 조치는 다음 해 좌평에 대거 새로운 인물이 자리 잡는 일로 연결된다. 407년(전지왕 3) 2월에 이복동생 여신(餘信)을 내신좌평으로, 해수(解須)를 내법좌평으로, 해구(解丘)를 병관좌평으로 임명한다.

『삼국사기』에는 이들이 "모두 왕의 친척이었다"는 점을 강조하고 있다. 그렇지만 이 일은 강조할 만한 사실이 아니다. 신분제 체제에 혼인관계가 제한된 고대사회에서, 고위직에 임명될 수 있는 사람들은 대부분 왕실과 친인척관계에 있을 수밖에 없기 때문이다.

다음 해에도 좌평 자리와 관련된 기록이 이어진다. 408년(전지왕 4) 정월에는 "여신(餘信)을 상좌평(上佐平)으로 삼고 군무와 정사를 맡겼다"고 한다. 『삼국사기』에는 "상좌평이라는 자리가 이때부터 시작되었으며, 지금[고려 시대]의 총재(冢宰)와 같다"라고 소개되어 있다.

이렇게 백제에서 가장 높은 관직인 좌평을 중심으로 새로운 인물을 배치한 이후로는, 한동안 외국과 관계된 기록만 나타난다. 409년(전지왕 5)에는 왜국에서 사신을 파견하여 야명주(夜明珠)를 보내왔다. 전지왕은 야명주를 가져온 사신들을 후하게 대접했다.

그리고 몇 년을 건너 뛴 415년(전지왕 11) 5월 갑신(甲申)에 살별[彗星]이 나타났다. 416년(전지왕 12)에는 동진의 안제(安帝)가 사신을 보내, 전지왕을 '사지절(使持節) 도독백제제군사(都督百濟諸軍事) 진동장군(鎭東將軍) 백제왕(百濟王)'으로 책봉하는 기록이 나온다.

다음 해인 417년(전지왕 13)에는 이변과 재해가 있었다. 정월 초하루 갑술(甲戌)에 일식이 있었고, 4월에는 가물어서 백성들이 굶주렸다. 그런데도 7월에 동부와 북부 두 부의 15세 이상 사람을 징발하여 사구성(沙口城)을 쌓았다고 한다. 이때 병관좌평 해구가 공사를 감독했다는 사실이 강조되어 있다.

418년(전지왕 14) 여름에는 "사신을 왜국에 파견하여 흰 면포 10필(匹)을 보냈다"는 단순한 사실만이 나타난다. 그리고 시기는 정확하지 않지만, 『일본서기』에 따르면 이 무렵 전지왕이 누이동생인 신제도원(新齊都媛: 시세쓰히메)을 왜로 보내 천황을 섬기게 했다고 한다. 이때 신제도원이 7명의 여자들을 이끌고 와서 왜에 귀화했다고 되어 있지만, 신빙성은 높지 않다.

419년(전지왕 15), 당시로서는 불길하게 여기던 징조들이 이어졌다. 정월 무술(戊戌)에 살별[星孛]이 태미(太微)에 나타났고, 11월 초하루 정해(丁亥)에 일식이 있었다. 그러고는 다음 해인 420년(전지왕 16) 3월에 왕이 죽었다.

제19대 구이신왕

구이신왕(久尒辛王)은 전지왕의 맏아들로 16세의 어린 나이에 왕위를 이어받았다. 정상적인 왕위 계승이었으나 무슨 이유에서인지 그에 관한 기록은 이렇게 간단한 사실 이외에는 거의 남아 있지 않다. 8년 동안 왕위를 지켰음에도 즉위한 지 8년째인 427년 12월에 죽었다는 내용 이상이 없다.

한편 임나를 기반으로 세력을 키웠던 목만치는 왕의 어머니와 깊은 관계를 맺고 있었다 한다. 이를 통해 구이신왕 시절에 왕실의 권위를 등에 업고 권력을 휘둘렀다는 이야기가 『일본서기』에 전한다. 목만치는 왜로 건너가 소가씨(蘇我氏)의 시조가 되었다고도 한다.

『일본서기』에는 천황이 그의 횡포를 듣고 왜로 소환했다고 하지만, 이 역시 믿을 만한 이야기는 못 된다. 그보다는 목만치가 해씨(解氏) 세력이 실권을 잡자 권력의 핵심에서 밀려나 왜로 건너갔다는 학설이 일반적으로 인정받는다.

제20대 비유왕

비유왕(毗有王)은 구이신왕의 맏아들이라고도 하고, 배다른 동생이라고도 한다. 용모와 말재주가 뛰어나 사람들의 존경을 받았다. 그가 구이신왕의 뒤를 이어 왕위에 올랐다.

즉위한 다음 해인 428년(비유왕 2) 2월에 왕은 4부(部)를 돌아보며 백성들의 사정을 살폈다. 그리고 가난한 이들에게는 사정에 따라 곡식을 나눠주었다. 이때 왜국에서 사신단을 보내왔는데 수행원이 50명에 이르렀다.

429년(비유왕 3) 가을에 유유(劉裕)가 세운 중국 남조의 송(宋)나라에 조공 사절을 보냈다. 10월에 상좌평 여신이 죽자 비유왕은 그 자리에 해수를 앉혔다. 그런데 이후 이변이 잇따랐다. 11월에 지진이 일어났고, 기와를 날릴 정도의 큰 바람이 불었다. 12월에는 얼음이 얼지 않을 만큼 이상 난동이 왔다.

430년(비유왕 4) 4월에는 송의 3대 황제 문제(文帝)가 전년에 백제에서 보냈던 사신에 답하여, 전지왕이 앞 왕조인 동진으로부터 받았던 벼슬을 그대로 책봉해주었다.

433년(비유왕 7) 봄과 여름에는 가뭄이 들었다. 그렇지만 외교적으로는 성과가 있었다. 이즈음 신라는 고구려와 갈등을 빚으며 그 영향에서 벗어나려 하고 있었다. 비유왕은 그런 신라의 태도 변화를 눈치 채고, 7월에 사신을 신라에 보내 화친을 청했다. 이러한 노력은 다음 해까지 이어졌다.

434년(비유왕 8) 2월, 또다시 사신을 신라에 파견하며 좋은 말 2필을 보냈고, 9월에 흰 매를 보냈다. 그러자 10월에 신라가 질 좋은 금[良金]과 명주(明珠)를 보내며 화답해 왔다. 두 나라가 서로 예물을 주고받을 정도로 가까워진 것이다.

이러한 움직임을 두고 처음부터 강력한 군사 동맹을 맺은 것이라고 하기는 곤란하겠지만, 관계가 점차 강화되어간 것은 분명하다. 이 흐름이 이후 동아시아 국제관계에 미친 파장은 제법 컸다.

우선 백제와 왜의 관계가 미묘해졌다. 왜는 비유왕이 신라에 화친 사절을 파견하기 불과 2년 전인 431년에 신라를 침공한 적 있었다. 이렇게 신라와 왜 사이에 적대관계가 지속되던 중에 백제-신라 사이에 화친이 성립된 것이다. 주목할 만한 점은 백제와 신라의 화친 성립 이후에도 왜의 신라 침공은 계속되었다는 사실이다.

이에 대한 해석으로, 신라를 근본적으로 믿지 못한 백제가 왜를 시켜 신라를 견제했다는 주장이 제기되기도 했다. 그러나 동맹관계가 깨질 위험을 무릅쓰고, 유사시 자국에 군사 지원을 해줄 신라를 군사적으로 압박하는 일을 했다는 발상은 난센스다.

그보다는 백제의 외교가 신라에 치중되면서, 상대적으로 소외된 왜가 백제에 일종의 외교적 보복 조치를 취했던 것으로 보아야 할 듯하다. 왜의 처지에서 생각해보면, 신라와 잘 지내면서 더 많은 이권을 챙길 수 있는 기회를 백제가 포기시켜놓고 정작 백제는 신라와 화해를 해버린 셈이기 때문이다.

물론 이러한 조치로 왜가 성과를 거둔 것 같지는 않다. 백제와 신라의 협력관계에 별다른 동요나 변화의 흔적이 보이지 않는 것이다. 백제의 협력 없는 왜의 공세가 신라에 큰 위협이 되지 못했기 때문으로 여겨진다.

단지 백제에서 오경박사(五經博士)를 파견하는 등 왜가 원하는 문물 제공이 강화되는 현상이 나타난다. 백제가 왜에 필요한 문물을 제공하며 달랬던 사실을 반영하는 것으로 보인다.

그래도 왜는 백제의 조치에 만족한 것 같지 않다. 438년부터 왜 왕 진(珍)이 송나라에 조공해서 방물을 바치고 '사지절 도독 왜 백제 신라 임나 진한 모한 육국제군사 안동대장군 왜국왕(使持節都督倭百濟新羅任那秦韓慕韓六國諸軍事安東大將軍倭國王)'으로 책봉해줄 것을 요청한 일은 백제와 관계에 문제가 생긴 것과 무관하지 않을 것이다. 기록상 히미코 이후 200년 만에 중국과 직접 교류에 적극 나선 셈이다. 그런데 송에서는 백제와 관계를 의식해서 왜 왕을 안동장군으로만 책봉해주었다.

그럼에도 왜는 이후로 같은 시도를 계속했다. 451년 왜 왕 제(濟)는 진이 요청했던 칭호에서 백제를 제외하고 가라를 더하여 '사지절 도독 왜 신라 임나 가라 진한 모한 육국제군사 안동장군(使持節都督倭新羅任那加羅秦韓慕韓六國諸軍事安東將軍)'으로 책봉되었다. 462년 왜 왕 흥(興)도 같은 칭호를 얻었다. 478년 흥을 대신한 무(武)가 다시 한 번 칭호에 백제를 포함시켜줄 것을 요청했지만, 역시 백제는 제외되었다. 무는 479년에 남제(南齊)로부터 '안동장군'에서 '진동대장군(鎭東大將軍)'으로, 502년에는 양(梁)으로부터 '정동장군(征東將軍)'으로 승격되었을 뿐이다.

그런데 백제와 신라·왜의 관계에 이렇게 주목할 만한 변화가 있었음에도 이후 『삼국사기』 「백제본기」에는 별다른 내용이 나타나지 않는다. 6년 동안 기록이 없다가, 440년(비유왕 14) 4월에 가서야 "초하루 무오(戊午)에 일식이 있었다"라는 내용이 나온다. 그리고 10월에 송나라에 조공 사절을 보냈다.

이후에도 이변과 재해 기록만 나타난다. 447년(비유왕 21) 5월에는 왕궁 남쪽 연못 가운데 불이 났다. 불꽃이 수레바퀴 같았으며, 밤을 새고 나서야 꺼졌다고 한다. 7월에는 가뭄이 들어 곡식이 익지 않았다. 이 때문에 많은 백성이 굶주려 신라로 흘러 들어갔다.

454년(비유왕 28) 역시 마찬가지였다. 유성우가 내리는가 하면, 길이가 두 장(丈) 가량이나 되는 살별[孛星]이 서북쪽에 나타났다. 이해 8월에는 병충해 때문에 기근이 들었다.

455년(비유왕 29) 3월에는 왕이 한산에서 사냥했다는 단순한 기록이 보인다. 9월에는 검은 용이 한강(漢江)에 나타나 잠깐 동안에 구름과 안개가 끼어 캄캄해지더니 날아가버렸다고 한다. 그러고는 비유왕이 죽었다.

그런데 『일본서기』에는 해괴한 사건이 기록되어 있다. 확실한 시기는 알 수 없지만, 단지 개로왕이 즉위하기 전이라고 되어 있기 때문에 비유왕 때라고 짐작할 수밖에 없다. 이

때 왜에서 기노쓰노노스쿠네를 파견하여 "처음으로 나라[백제]의 강역을 나누고 그 땅에서 나는 산물을 모두 기록했다"고 한다.

여기에 또 한 가지 에피소드가 추가되어 있다. 이때 백제 왕족인 주군(酒君)이 무례하게 행동했으므로 기노쓰노노스쿠네는 백제 왕을 질책했다. 그러자 백제 왕은 쇠사슬로 주군을 묶어서 소쓰비코에게 딸려 보냈다. 왜에 도착한 주군은 곧 이시카하노니시코리노오비토코로시(石川錦織首許呂斯)의 집으로 도망가 "천황에게 죄를 용서받았으니, 그대에게 의지하여 살고 싶다"라고 했다. 실제로 시간이 흐른 뒤에 천황에게 용서를 받았다고 한다.

쇠사슬에 묶여 잡혀왔던 사람이 쉽게 탈출해서 거짓말을 하며 남의 집에 숨어 살았다는 점, 그런 사람이 나중에는 천황에게 용서받았다는 점부터가 다소 유치한 상황 설정이다. 그러니 왜가 백제 영토를 제멋대로 나누고, 백제의 자원을 마음대로 관리했다는 기록도 신빙성을 가지기 어렵다.

2년 후의 기록에 또 하나의 에피소드가 붙어 있다. 9월 초하루 의망(依網)의 둔창(屯倉)에 있는 아비코(阿弭古)가 기이한 새를 잡아서 천황에게 바쳤다. "항상 새를 잡아왔지만, 아직까지 잡아보지 못한 새이기 때문에 바칩니다"라고 했다. 그러자 천황은 주군을 불러 새의 정체를 물었다. 그는 "이런 새는 백제에 많이 있습니다"라며 그것을 길들여 온갖 다른 새들을 잡게 만들 수 있다는 사실을 보여주었다. 이 새의 실체는 매였으며, 이것이 일본에서 매사냥을 하게 된 시초라고 본다.

제21대 개로왕

『일본서기』에 나오는 황당한 에피소드들

개로왕(蓋鹵王)은 근개루(近蓋婁)라고도 불렸으며, 이름은 경사(慶司)였다. 비유왕의 맏아들로서 455년 왕위를 이었다. 그런데 개로왕 역시 즉위 이후 10여 년 동안의 기록이 없다. 즉위한 지 14년째인 468년 "10월 초하루 계유(癸酉)에 일식이 있었다"는 내용이 첫 번째 기록일 정도이다.

그런데 이보다 내용이 조금 많은 『일본서기』에는 개로왕의 즉위를 언급하며 다소 황당한 에피소드가 기록되어 있다. 지금은 전해지지 않는 백제의 역사서 『백제신찬(百濟新撰)』

을 인용하면서 "기미년(己巳年)에 개로왕이 즉위했다"고 했다. 이 기록과 함께 황당한 이야기가 이어진다. 이해 7월 백제에서 채녀(采女)로 바친 지진원(池津媛: 이케쓰히메)이라는 여자가 천황이 자신과 동침하려는 것을 알면서도 이시카하노 다테(石川楯)라는 자와 몰래 정을 통했다는 내용이다. 그러자 천황은 크게 노하여 오호토모노 무로야 오호무라지(大伴室屋大連)에게 명하여 두 남녀의 사지를 묶어놓고 불에 태워 죽였다 한다.

이런 이야기로 끝내기 민망했는지, 『일본서기』에는 『백제신찬』에 다른 이야기가 있다는 점도 소개해놓았다. 개로왕이 즉위한 해에 천황이 여자를 물색하게 하자, 백제에서 모니부인(慕尼夫人)의 딸 적계여랑(適稽女郎)을 잘 꾸며서 천황에게 바쳤다는 것이다. 물론 두 내용 모두 액면 그대로 믿을 만한 이야기로 쳐주지 않는다.

이 사건이 있고 3년쯤 후 4월, 개로왕은 지진원이 불에 타 죽었다는 이야기를 전해 듣고, "여자를 채녀로 바쳤더니 예의가 없어 우리나라의 이름을 실추시켰으니 지금부터는 여자를 바치지 않겠다"라고 했다 한다. 그 대안이 동생인 군군(軍君: 곤지昆支라는 해설이 붙어 있다)에게 "네가 일본에 가서 천황을 섬겨라"는 것이었다. 그랬더니 곤지가 조건을 달았다. "왕의 부인을 주면 떠나라는 명을 받들겠습니다"라는 것이었다. 그랬더니 개로왕은 임신한 부인을 주며, "이미 해산할 달이 되었으니 도중에 아이를 낳으면 배에 태워서 속히 돌려보내도록 하라"고 했다.

조건이 충족되자 곤지는 길을 떠났고, 6월 초하루에 임신한 부인이 쓰쿠시(筑紫)의 가카라시마(各羅嶋)에서 아이를 낳았다. 이 아이의 이름을 도군(嶋君)이라 짓고 배로 돌려보냈다. 이 아이가 나중에 무령왕(武寧王)이 되었다. 7월에 곤지가 왜의 수도에 들어왔을 때 이미 다섯 아들을 두고 있었다고 한다. 이는 사실과 신화가 묘하게 뒤섞인 이야기로 본다. 그래서 어디까지가 사실인지 밝혀내는 것이 이 분야 전문가들의 과제다.

2년 후 기록에도 비슷하게 황당한 에피소드가 나타난다. 천황의 궁중에서 시종(侍從)으로 있던 기비노 가미쓰미치 다사(吉備上道田狹)가 자기 아내인 와카히메(稚媛)의 미모를 자랑했다. 그러자 천황은 와카히메를 시중드는 여자로 삼으려고 가미쓰미치를 임나국사(任那國司)로 삼았다. 그리고 난 후 천황은 와카히메와 동침했다.

이래놓고 『일본서기』에는 소설도 아닌 역사에 완전히 다른 시나리오가 나온다. "다른 책에서는 천황이 가미쓰미치의 아내가 미인이라는 말을 듣고 그 남편을 죽이고 자기가 데리고 살았다고 한다"는 이야기를 덧붙여놓은 것이다.

이 에피소드에는 뒷이야기가 이어진다. 기비노 가미쓰미치 다사에게는 에키미(兄君)와 오토키미(弟君)라는 두 아들이 있었다. 임나에 가 있던 가미쓰미치는 천황이 그의 아내와 간통했다는 말을 듣고 신라와 내통하려 했다. 그런데도 천황은 가미쓰미치의 아들 오토키미와 기비노 아마노아타히 아카오(吉備海部直赤尾)에게 백제를 통해 신라를 정벌하라고 명했다 한다.

명을 받은 오토키미는 무리를 이끌고 백제를 통해 신라로 들어가려 했다. 이때 신라의 신이 늙은 여자로 변하여 길에서 맞이했다. 오토키미가 신라가 얼마나 먼지 묻자, 늙은 여자로 변한 신라의 신은 "하루를 더 간 다음에야 다다를 수 있다"라고 대답했다. 오토키미는 길이 멀다고 여겨 정벌하지 않고 돌아왔다. 그리고 백제에서 바친 사람들을 큰 섬 안에 모아놓고 바람을 기다린다는 핑계로 몇 달 동안 머물러 있었다.

그러자 가미쓰미치는 오토키미가 신라를 치지 않고 되돌아간 것을 기뻐하며 몰래 백제에 사람을 보내어 오토키미에게 말을 넣었다. "이제 나에게도 곧 화가 미칠 것이니, 내 아들인 너는 백제를 차지하고 나는 임나를 차지하여 일본과 관계를 끊자"라고 제의했다.

그런데 오토키미의 아내가 남편의 모반을 눈치 챘다. 천황에 대한 충성심이 강했던 오토키미의 아내는 그를 몰래 죽여 집 안에 묻어 숨겨두었다. 그러고는 백제에서 바친 손재주 좋은 기술자를 거느리고 큰 섬에 있었다. 천황은 오토키미가 죽은 것을 알고 사람들을 야마토노쿠니(倭國)의 아토(吾礪) 히로키쓰노무라(廣津邑: 廣津은 히로키쓰比慮岐頭라고 읽는다는 주석이 붙어 있다)에 옮겨놓았으나 병들어 죽는 사람이 많았다. 그러자 천황은 야마토노아야노아타히쓰카(東漢直掬)에게 명을 내려, 이마키노아야노스에쓰쿠리카우쿠이(新漢陶部高貴), 구라쓰쿠리켄쿠이(鞍部堅貴), 에카키인시라가(畵部因斯羅我), 니시고리지야우안나코무(錦部定安那錦), 오사메우안나(譯語卯安那) 등을 가미쓰모모하라(上桃原)·시모쓰모모하라(下桃原)·마카미노하라(眞神原) 3곳에 옮겨 살도록 했다.

이어서 『일본서기』의 주특기가 또 발휘된다. 어떤 책에는 "기비노 오토키미가 백제에서 돌아와 아야노테히토베(漢手人部), 기누누히베(衣縫部), 시시히토베(宍人部)를 바쳤다"고 되어 있다는 것이다. 정사에 기록된 내용 치고는 너무 두서없는 이야기라 역사를 복원하는 데 이용하기 곤란한 사료다.

그리고 『일본서기』의 특성상 시기가 정확하다는 보장은 없지만, 465년 즈음 왜에서 신라를 정벌하려고 장수들을 보냈다가 장수들 사이에 의견 충돌이 생긴 사건이 있었다. 백제 왕이 이를 해결해주려고 불렀는데, 이마저 장수들 사이의

싸움으로 무산되었다.

개로왕 13년에 해당하는 467년 7월에는 귀신(貴信)이라는 사람이 백제에서 망명해 왔다는 이야기가 나온다. 귀신은 오(吳)나라 사람이라는 말도 있다고 한다.

한성백제의 몰락

469년(개로왕 15) 기록에는 고구려와 대결이 본격 시작되는 양상이 나타난다. 이해 8월, 개로왕은 장수를 보내 고구려의 남쪽 변경을 쳤다. 그러고는 고구려의 반격에 대비하여 10월에 쌍현성(雙峴城)을 수리했고, 청목령(靑木嶺)에는 큰 목책[大柵]을 설치하고 북한산성의 병사들 일부를 배치했다.

이 조치 이후 3년이 지난 472년(개로왕 18), 왕은 고구려를 의식한 외교에 나섰다. 북위[魏]에 조공 사절을 보내, 오늘날의 외교문서에 해당하는 표(表)를 올렸던 것이다. 말투는 매우 공손하다 못해 비굴하기까지 했지만, 핵심 내용은 북위에 고구려를 공격해달라고 요청한 것이었다.

북위 헌문제(獻文帝)는 백제 사신을 잘 대우해주고 돌려보냈다. 그리고 북위 사신을 고구려를 통해 백제로 보내려다가 실패하자 바닷길로 보내려고 했다. 백제와 관계를 유지하는

데 성의를 보인 것이다. 그렇지만 북위 사신단은 백제에 도착하지 못했고, 고구려를 공격해달라는 백제의 요청에 대한 북위의 대답도 결국 완곡한 거절에 불과했다. 고구려의 침략에 시달리던 개로왕은 북위에 몇 차례 같은 요청을 되풀이했지만, 성과가 없자 결국 북위에 대한 조공을 끊어버렸다.

이러한 우여곡절을 겪으면서, 백제가 북위에 고구려 공격을 요청했다는 사실이 고구려에 알려졌다. 고구려는 이를 계기로 백제 공격을 준비했다. 『삼국사기』에는 장수왕(長壽王)이 백제를 침공하기 전, 바둑을 잘 두는 승려 도림(道琳)을 첩자로 침투시켰다고 한다. 바둑을 미끼로 도림을 개로왕에게 접근시켜, 왕궁 보수와 한강변의 둑 쌓기 등 각종 공사를 벌이도록 부추겨서 백제의 국력을 소모시켰다는 것이다.

일부 전문가들은 이러한 통설과 달리 백제의 국력이 약화된 원인을, 첩자의 침투가 아닌 개로왕의 왕권 강화에서 찾기도 한다. 사실 한강변에 쌓은 둑은 평시에는 홍수 방지 역할을, 전쟁이 일어나면 방어벽 구실을 할 수 있었다. 그렇지만 이런 대공사를 벌이면 재정적으로 많은 부담이 될 뿐 아니라, 이를 수행하기 위해 핵심 세력에게 권력을 집중시킬 필요가 있었다. 이 때문에 큰 반발을 불러 백제 지배층 내부에 왕실에 대한 적대 세력을 키웠고, 그로 인해 지배층의 내분이 심화되었다고 보는 것이다.

이때 고구려군을 지휘한 장수들은 대로(對盧)인 제우(齊于)·재증걸루(再曾桀婁)·고이만년(古尒萬年) 등이었다. 그런데 재증걸루·고이만년은 죄를 짓고 고구려로 망명한 백제 출신이었다고 한다. 탈출하는 개로왕을 생포해 살해한 당사자도 바로 재증걸루였다. 이는 개로왕의 정책이 많은 반발을 샀다는 근거가 될 수 있다.

475년(개로왕 21) 9월, 고구려의 대공세가 시작되었다. 고구려 장수왕이 3만 명의 병력을 이끌고 와서 수도[王都] 한성을 포위했다. 수세에 몰린 개로왕은 반격할 엄두도 내지 못하고 성을 지키는 데 급급했다.

개로왕은 고구려의 공세가 시작되기 전, 위기를 느끼고 문주(文周)를 후계자로 삼아 피신시켰다. 개로왕 자신은 사직(社稷)을 위해 죽어야 하겠지만, 왕실의 계보는 이어야 한다는 뜻이었다. 이 뜻에 따라 문주는 목협만치(木劦滿致)·조미걸취(祖彌桀取)와 함께 남쪽으로 피신했다. 이 조치는 수도 한성을 잃어버렸으면서도 왕실의 구심점이 흔들리지 않아 백제 자체가 망하지 않은 하나의 원동력이 되었다.

개로왕의 예상대로 고구려의 공략은 치명적이었다. 고구려군은 병력의 우세를 이용하여 사방에서 공격했다. 그 과정에서 바람을 이용하여 화공을 감행, 성문을 불태웠다. 고구려군은 북성(北城)을 7일 만에 함락시킨 다음, 남성(南城) 공략에 나섰다.

고구려군의 공격에 성안의 인심이 동요하자, 위협을 느낀 개로왕은 왕성 서문 쪽으로 탈출하려 했다. 이때 고구려의 장수 걸루(桀婁) 등이 추격해 와 개로왕을 붙잡았다. 걸루는 말에서 내려 절한 다음에 왕의 얼굴에 세 번 침을 뱉고는 그 죄를 꾸짖었다. 그러고는 생포된 개로왕을 포박하여 아차성(阿且城) 아래로 보내 죽였다고 한다.

한성이 함락되기 전에 탈출한 문주는 신라에 가서 구원병을 얻어 돌아왔다고 한다. 그러나 이미 때가 늦어 개로왕이 살해당한 이후였다. 이로 인해 백제는 도읍을 웅진(熊津)으로 옮기게 되었다. 그렇지만 개로왕의 죽음이 백제-신라의 관계에 장애가 되지는 않았다. 오히려 고구려의 위협에 대항하는 두 나라의 군사 동맹은 개로왕의 죽음 이후 더욱 강화되었다.

이 상황을 두고도 『일본서기』에는 좀 해괴하게 기록해놓았다. 고구려가 한성을 점령한 뒤, 고구려 장수들이 백제를 완전히 멸망시켜버리자고 주장했으나, 장수왕이 백제가 일본의 속국이므로 그리 해서는 안 된다는 이유로 거부했다고 되어 있는 것이다.

여기에 또 하나의 이야기가 보태진다. 백제가 고구려에 패배했음을 들은 천황은 웅진을 문주왕에게 주어 나라를 일으키게 했다는 것이다. 『일본서기』에는 이 사건을 두고 "당시 사람들이 모두 백제가 거의 망했으나 천황에게 의지하여 다시 그 나라를 세우게 되었다고 했다"라고 적어놓고 있다. 물론 믿을 만한 이야기는 아니다.

제22대 문주왕

『삼국사기』「백제본기」에는 문주왕(文周王: 또는 문주汶洲)
이 개로왕의 아들이라고 했다. 그렇지만『일본서기』에는 동
생으로 되어 있어, 그가 개로왕의 아들인지 동생인지에 대해
서는 논란이 있다. 비유왕이 죽고 개로왕이 즉위했을 때, 문
주는 왕을 보필하며 상좌평까지 올랐다고 한다.

그런데 문주왕의 즉위와 관련하여 주목되는 인물이 있다.
목씨 가문 사람으로 문주가 피신할 때 함께 남쪽으로 갔던
목협만치가 등장하는 것이다. 이 목협만치가 구이신왕 대에
권력을 휘두른 목만치와 같은 사람인지 동명이인인지에 대
해서도 논란이 있다. 그러나 분명한 점은 목씨 가문이 문주

왕 재위 기간에도 권력의 핵심부에 존재하고 있었다는 사실이다.

고구려가 침공했을 때 피신했던 문주는 신라에 구원을 요청했고, 신라 군사 1만 명을 얻는 성과를 거두었다. 그렇지만 그가 신라군을 이끌고 돌아왔을 때, 개로왕은 살해당하고 고구려 군사는 이미 철수해버린 상태였다. 그래도 개로왕이 그를 미리 후계자로 지명해놓은 덕분에 백제 왕권 자체가 흔들리지는 않았고, 그는 무난하게 왕위에 올랐다.

그의 성품은 매우 온화한 편이었다. 그래서 백성들 사이에서 인기가 높았다고 한다. 그렇지만 이런 성격을 가진 사람들이 대개 그렇듯이 "결단력이 없었다"는 평가를 받았다.

그럼에도 475년(문주왕 1) 10월에 수도[都]를 웅진으로 옮기는 결단을 내렸다. 그리고 난 다음 해인 476년(문주왕 2) 2월, 왕은 고구려의 침략에 대비하여 대두산성(大豆山城)을 수리하고 한강 이북[漢北]의 백성[民戶]들을 이주시켰다.

3월에는 송나라에 조공 사절을 파견하며 관계를 다지려 했다. 그런데 이 사절들은 고구려를 통과하지 못해 되돌아왔다.

4월에는 어려운 와중에 나름대로 경사가 생겼다. 백제의 사정이 좋지 않았음에도 불구하고 탐라국(耽羅國)에서 사신을 보내 토산물을 바쳤던 것이다. 문주왕은 기뻐하여 탐라국

사신에게 은솔 지위를 내려주었다.

그리고 8월, 해구(解仇)를 병관좌평으로 삼았다. 이 조치는
곧 후환을 불러오게 된다. 그렇지만 당장 다음 해인 477년(문
주왕 3)은 평온하게 시작했다. 문주왕은 나라가 어느 정도 안
정을 찾았다고 생각했는지, 2월에 왕궁을 수리[重修]하는 공
사를 벌였다. 사실 한성이 함락되며 급하게 옮긴 수도였기
때문에 필요한 시설을 모두 갖출 수 없는 상황이라 나름대
로 시급한 일이었을 수 있다.

4월에는 곤지를 내신좌평으로 삼고, 맏아들 삼근(三斤)을
태자로 책봉했다. 그런데 다음 달인 5월에 뭔가를 암시하는
징조가 있었다. 검은 용이 웅진에 나타났던 것이다. 그리고
7월에 내신좌평 곤지가 죽었다.

이를 해구가 곤지를 살해한 사건으로 해석하기도 한다.
개로왕 때 왜에 파견되어 외교 경험이 풍부한 데다, 이때 내
신좌평 자리에까지 있었으니 해구에게는 최대의 정적(政敵)
이었다는 것이다. 이런 추측을 근거로 검은 용이 나타났다는
것을 정변의 상징으로 본다.

더 큰 일은 다음 해인 478년(문주왕 4)에 일어났다(『삼국사
기』에는 문주왕 4년으로 되어 있으나 문주왕 3년 즉 477년에 일어난 일
로 보는 것이 일반적이다). 8월, 병관좌평 해구가 문주왕을 무시
할 정도로 횡포를 부리기 시작한 것이다. 그런데도 문주왕은

이러한 사태를 통제하지 못했다. 동생이자 내신좌평인 곤지가 죽은 결과는 바로 다음 달에 나타났다. 이해 9월에 왕이 사냥을 나가 밖에서 묵고 있을 때, 해구가 하수인을 시켜 왕을 살해해버린 것이다.

제23대 삼근왕

삼근왕(三斤王: 또는 임걸壬乞)은 문주왕의 맏아들로, 문주왕이 죽자 13세의 나이에 그 뒤를 이었다. 너무 어린 나이에 왕위에 올랐기 때문에 중요한 정사를 모두 좌평 해구에게 위임했다고 한다. 이렇게 권력을 장악한 해구가 바로 다음 해인 478년(삼근왕 2) 봄에 은솔 연신(燕信)과 함께 대두성(大豆城)에서 반란을 일으켰다.

삼근왕은 좌평 진남(眞男)에게 군사 2,000명을 거느리고 토벌하게 했으나 해구에게 패퇴했다. 그러자 다시 덕솔(德率) 진로(眞老)에게 정예 군사 500명으로 해구를 노리게 했다. 이 시도가 성공하여 해구는 죽고, 연신은 고구려로 달아

났다. 연신을 처벌할 수 없게 되자 백제 조정에서는 그 처자를 잡아다가 웅진 저자[市]에서 목을 베었다.

그런데 이 상황을 달리 해석하는 경우가 있다. 어린 삼근왕을 내세워 실권을 장악하고 있던 해구가 굳이 반란을 일으켰다는 점이 이상하다고 여기기 때문이다. 그래서 이를 해구가 다른 귀족들의 반발을 누르기 위해 일으킨 사건이었다고 보기도 한다. 특히 진씨(眞氏) 세력이 반발하자, 해구는 새로 일어난 세력의 하나인 연씨(燕氏) 세력과 손잡고 반란을 일으켰다는 것이다.

이런 일을 겪고 난 다음인 3월 초하루 기유(己酉)에 일식이 있었다. 479년(삼근왕 3) 봄과 여름에 큰 가뭄을 겪었다. 9월에는 대두성을 두곡(斗谷)으로 옮겼다. 그리고 11월, 삼근왕은 길지 않은 생애를 마쳤다.

제24대 동성왕

동성왕(東城王)의 이름은 모대(牟大: 또는 마모摩牟)이며, 문주왕의 동생인 곤지의 아들이다. 곤지는 『일본서기』에 인용된 백제 사서 『백제신찬』에는 개로왕의 동생으로 나온다. 또 일본 호족들의 계보를 정리한 『신찬성씨록(新撰姓氏錄)』에는 비유왕의 아들이라고 했다. 여기서 문주왕이 개로왕의 동생이라고 하면 모두가 비유왕의 아들로 설명된다는 해석도 있다. 어쨌든 동성왕은 삼근왕이 일찍 죽는 바람에 문주왕의 직계가 아닌 방계로 왕위에 오른 셈이다.

동성왕은 담력이 뛰어나고 활을 잘 쏘았다고 한다. 즉위했을 때 백제의 정국이 뒤숭숭했을 것임에도 불구하고 이즈음의 정국과 관련된 기록이 보이지 않는다. 이런 상태에서 482년(동성왕 4) 정월에 "진로를 병관좌평으로 삼고, 전국[內外]의 군사 업무[兵馬事]를 맡겼다"는 인사이동에 관한 내용이 나타난다.

그래서 관련 정황으로 추측해보는 학설이 등장하고 있다. 직계도 아닌 동성왕이 어린 나이에 왕위에 오른 이유를, 해구를 제거한 진씨 세력의 선택이라고 보는 시각이 이에 해당한다. 오랫동안 왜에 가 있었기 때문에 정치적 기반이 약했다는 점이, 오히려 동성왕이 진씨 세력의 옹립을 받은 이유라는 것이다. 해구를 제거한 진로가 나중에 병관좌평에 임명된 것도 이러한 맥락에서였다고 본다.

『일본서기』에는 삼근왕이 죽고 동성왕이 즉위한 배경을 이렇게 적고 있다. 천황이 어린 동성왕을 궁궐로 불러 직접 머리를 쓰다듬으며 조심하도록 타이르고 왕으로 삼았다는 것이다. 그리고 무기와 함께 쓰쿠시 군사 500명을 딸려서 백제로 호위해 보냈다고 한다. 이와 함께 "이해 백제에서 바친 조부(調賦)가 평상시보다 많았고, 쓰쿠시의 아치노 오미(安致臣)와 우마카히노 오미(馬飼臣) 등에게 수군을 거느리고 고구려를 공격하게 했다"고도 한다. 물론 고구려 쪽에는 왜의 공격을 받았다는 기록이 없다.

『삼국사기』에 동성왕 관련 기록은 즉위 후 4년째에야 나타난다. 사실 동성왕 3년에 해당하는 481년, 신라를 침공한 고구려군이 백제와 가야에서 보낸 구원병에 패퇴하는 일이 있었다. 이 사건이 「백제본기」에는 기록되지 않았다.

이해 482년 9월에는 말갈이 한산성(漢山城)을 습격하여 깨뜨리고 300여 집을 사로잡아 돌아가는 사태가 있었다. 10월에는 큰 눈이 한 길[一丈] 남짓이나 내리는 재해를 맞았다.

483년(동성왕 5) 봄에 왕은 사냥을 나갔다가 한산성까지 갔다. 여기서 동성왕은 군사와 백성을 위문하고 10일 만에 돌아왔다. 4월에 또 웅진 북쪽으로 사냥 나갔다가 신비로운 사슴[神鹿]을 잡았다.

484년(동성왕 6) 2월에 왕은 고구려 장수왕이 남제(南齊)의 태조[祖] 소도성(蕭道成)에게 표기대장군(驃騎大將軍)으로 책봉받았다는 소식을 들었다. 새로 들어선 남제와 관계에서 고구려에 뒤질 것을 우려한 동성왕은 남제에 사신을 보내 외교관계를 맺었다. 뒤이어 7월, 동성왕은 내법좌평 사약사(沙若思)를 중심으로 하는 조공 사절을 남제로 파견했다.

그렇지만 이 사절단은 서해 바다에서 고구려군에 저지당해 남제와 관계를 다지려던 목표가 타격을 받았다. 남제와 외교가 뜻대로 풀리지 않자 485년(동성왕 7) 5월, 신라에 사신을 파견하여 관계를 다졌다.

486년(동성왕 8) 2월에는 백가(苩加)를 위사좌평으로 삼았다. 3월에는 남제에 조공 사절을 파견하여 2년 전의 실패를 만회했다. 7월에는 왕궁을 수리하고, 우두성(牛頭城)을 쌓았다. 10월에는 왕궁 남쪽에서 대규모 사열을 실시했다.

이 무렵 기생반숙이(紀生磐宿禰)라는 인물이 백제 요원을 살해하며 백제에 저항하는 사건이 있었다. 초반에는 기생반숙이 측이 기습적으로 백제 요원을 죽이고 백제의 반격까지 격퇴하는 데 성공했다. 그렇지만 장기간 버티지는 못하고 결국 백제에 진압되고 말았다.

그런데 이 분쟁에는 임나의 좌로(佐魯)·나기타갑배(那奇他甲背) 등이 가담하고 있었다. 이 사건에 대한 구체적인 기록이 많지 않아, 기생반숙이라는 인물의 출신과 소속에서부터 사건의 개요까지 구구한 해석이 많지만 확실한 해답은 없는 상태다. 단지 임나의 요원이 가담하고 있다는 점에서, 이 분쟁이 기본적으로 백제와 임나의 분쟁이고 배후에 임나가 개입하고 있었음은 분명한 듯하다.

488년(동성왕 10)에는 북위[魏] 군대의 침공을 격퇴했다는 기록이 나온다. 이 또한 논란이 분분하다. 『남제서(南齊書)』 같은 중국 역사서에 "위나라가 또 수십만의 기병을 일으켜 백제에 쳐들어왔다(魏虜又發騎數十萬 攻百濟 入其界)"라는 내용이 나오기 때문에 이를 사실로 받아들이는 경우가 많다.

하지만 이를 사실 기록 과정에서 생긴 오해로 보기도 한다. 이 기록에 등장하는 '위로(魏虜)'가 실은 북위를 뜻하는 것이 아니라 고구려였다는 것이다. 원래 백제 측에서는 자기 나라에 쳐들어온 북방 집단을 단순히 '험윤(玁狁)' 또는 '흉리(匈犁)'라고만 했다. 험윤이란 말의 기원은 주(周)나라 때 중국의 북쪽 변경을 위협하던 오랑캐에서 나왔다. 이것이 나중에는 북방의 오랑캐를 멸시하여 부를 때 사용되었다. 동성왕의 국서에서는 이 말들을 백제를 위협하는 북방 오랑캐라는 의미로 썼는데, 나중에 중국 남조의 역사 편찬자들이 자신들 표현대로 생각하다 보니 백제가 써 보낸 '험윤과 흉리'를 북위라고 오해했다는 것이다.

489년(동성왕 11)에는 경사가 있었다. 일단 크게 풍년이 들었다. 나라 남쪽 바닷가에 사는 사람[海村人]이 기념으로 이삭이 합쳐진 벼를 바쳤다. 10월에 동성왕은 제단을 만들고 하늘과 땅에 제사를 지냈다. 11월에는 남당(南堂)에서 신하들에게 연회를 베풀었다.

재난이 강조된 동성왕 때의 정세

490년(동성왕 12) 7월에 북부에 사는 15세 이상의 사람들을 징발하여 사현성(沙峴城)과 이산성(耳山城), 두 성을 쌓았다. 9월, 왕은 서쪽의 사비(泗沘) 벌판에서 사냥하고, 연돌(燕突)을 달솔로 삼았다. 이 점으로 보아 연씨 세력이 해구와 손을 잡았다는 학설은 성립할 수 있을 것 같지 않다. 11월에 얼음이 얼지 않는 이상 난동 현상이 나타났다.

491년(동성왕 13) 6월에 웅천(熊川)의 물이 넘쳐, 수도[王都]의 200여 집이 홍수 피해를 입었다. 이 영향인지 흉년이 들어 7월에는 굶주림 때문에 신라로 도망간 호(戶)가 600여 집이나 되었다.

492년(동성왕 14)에도 재해가 잇따랐다. 봄인 3월에 눈이 내리고, 4월에는 나무가 뽑힐 정도의 태풍을 맞았다. 이런 사태에 어울리지 않게, 동성왕은 10월 우명곡(牛鳴谷)에서 손수 사슴을 쏘아 맞혔을 정도로 사냥에 몰두했다.

493년(동성왕 15)에는 신라와 관계 개선을 위한 시도가 두드러진다. 3월 동성왕이 신라에 사신을 보내 혼인을 청했던 것이다. 신라 측에서도 이를 받아들여, 이찬(伊湌) 비지(比智)의 딸이 백제로 시집왔다. 이 혼인의 영향은 다음 해에 나타났다.

494년(동성왕 16) 7월에 고구려와 신라가 살수(薩水) 벌판에서 전투를 벌였다. 이 전투에서 밀린 신라가 견아성(犬牙城)으로 물러나자, 고구려가 추격해 와 성을 포위했다. 이때 동성왕이 보낸 백제 군사 3,000명 덕분에 신라는 고구려의 포위를 풀 수 있었다.

다음 해에는 반대 상황이 일어났다. 495년(동성왕 17) 5월
초하루 갑술(甲戌)에 일식이 있은 다음, 8월에 고구려가 치양
성(雉壤城)을 포위해 왔다. 동성왕은 신라에 구원을 요청했
고, 신라 왕이 장군 덕지(德智)가 이끄는 구원군을 보내준 덕
분에 고구려 군대가 물러났다. 이른바 '나제동맹'이 본격적
인 군사 동맹으로 발전했음을 보여주는 지표라 할 수 있다.

497년(동성왕 19) 5월, 병관좌평 진로가 죽자 그 자리에 달
솔 연돌을 임명했다. 6월에 홍수가 나서 백성들의 집이 피해
를 입었다. 그러자 다음 해인 498년(동성왕 20), 금강을 건너
수도로 들어가는 관문 역할을 할 웅진교(熊津橋)를 세웠다.
7월에는 사정성(沙井城)을 쌓고, 한솔 비타(毗陀)를 책임자로
임명했다.

이해 8월, 동성왕은 탐라(耽羅: 탐모라耽牟羅를 뜻한다는 주석
이 붙어 있다)가 공물과 조세[貢賦]를 바치지 않았다는 이유로
정벌군을 일으켜 무진주(武珍州)에 이르렀다. 이 소식을 들은
탐라가 사신을 보내 사죄해 정벌은 중단되었다.

499년(동성왕 21), 또다시 재해가 잇따랐다. 여름에 큰 가뭄
이 들었다. 이 때문에 기근이 들어 백성이 굶주려 서로 잡아
먹고 도적이 많이 일어났다. 이때 신하들이 창고를 열어 굶
주린 백성들을 구제하자고 청했으나 동성왕은 듣지 않았다

고 한다. 그 결과 2,000명의 한산 사람들이 고구려로 도망쳤다. 10월에는 전염병이 크게 돌았다.

그랬음에도 500년(동성왕 22) 봄, 궁궐 동쪽에 임류각(臨流閣)을 세웠다. 높이가 다섯 장(丈)짜리였으며, 못을 파고 진기한 새까지 길렀다고 한다. 간언하는 신하[諫官]들이 재해가 일어나는 마당에 너무 사치스럽다고 반대 상소(上疏)를 올렸으나, 동성왕은 응답하지 않았다[不報]고 한다. 더 나아가 간언을 듣지 않겠다는 표시로 궁궐 문까지 닫아버렸다.

그러고는 4월에 우두성으로 사냥을 나갔다. 하지만 이 사냥은 우박 때문에 중단되었다. 5월에 또 가뭄이 들었다. 그런데도 동성왕은 측근들과 함께 임류각에서 밤새도록 연회를 열고 환락을 즐겼다고 한다.

501년(동성왕 23)에 이변과 재해가 겹쳐 일어났다. 정월에 수도[王都]의 늙은 할멈이 여우가 되어 사라지는 이변이 있었다. 또 호랑이 두 마리가 남산(南山)에서 싸웠는데, 이 호랑이들을 잡으려 했지만 실패했다. 그리고 3월에 서리가 내려 보리를 해쳤다. 5월에 시작된 가뭄은 가을까지 계속되었다.

『일본서기』에는 이해 11월 백제의 의다랑(意多郎)이 죽어서 다카다(高田) 언덕에 장사 지냈다고 되어 있다.

7월에는 탄현(炭峴)에 목책을 설치하여 신라에 대비했다고 한다. 신라와 고구려에 대항하는 군사 동맹을 맺고 있었음을 감안하면 이채로운 일이라 할 수 있다. 8월에는 가림성 (加林城)을 쌓은 다음, 위사좌평 백가(苩加)를 책임자로 임명했다. 이를 꺼린 백가는 가림성에 부임하지 않으려고 병을 핑계 삼아 사양했으나 동성왕은 허락하지 않았다. 이것이 동성왕에게 재앙을 불렀다.

10월에 동성왕은 사비의 동쪽 벌판으로, 11월에는 웅천의 북쪽 벌판에서 시작하여 사비의 서쪽 벌판으로 사냥을 나갔다. 이때 큰 눈이 내리는 바람에 길이 막혀 마포촌(馬浦村)에서 묵었다. 동성왕에게 앙심을 품고 있던 백가는 이를 틈 타 왕을 암살하려고 자객을 보냈다. 동성왕은 이때 입은 상처 때문에 이해 501년 12월에 죽었다.

『삼국사기』「백제본기」에는 동성왕의 죽음에 추가해놓은 내용이 있다. 중국 역사서인 『책부원귀(冊府元龜)』와 『남제서』에 동성왕이 왕위에 있던 무렵의 백제 왕을 '모도(牟都)'라고 적어놓았다는 점과 그 사실성이 의심스럽다는 견해를 밝혀놓은 것이다.

제25대 무령왕

무령왕의 즉위 과정과 관련된 에피소드들

무령왕(武寧王)의 이름은 사마(斯摩: 또는 융隆)이며, 동성왕의 둘째 아들이다. 그는 키가 여덟 자에 달할 만큼 컸고, 눈매가 그림과 같았다고 한다. "인자하고 너그러워 민심이 따랐다"는 평을 받았다.

그런데 『일본서기』에는 『삼국사기』에 나와 있지 않은 무령왕의 즉위 과정이 기록되어 있다. 동성왕이 포악한 정치를 하다가 내부에 저항이 생겨 제거되고, 도왕(嶋王)이 옹립되었다. 이 사람이 바로 무령왕이라는 것이다.

『삼국사기』에 없는 무령왕의 즉위 과정을 밝혀놓았듯이, 무령왕의 혈통에 대해서도 다른 이야기를 내놓고 있다. 무령왕의 휘(諱)는 사마왕(斯麻王)이며 곤지의 아들, 즉 동성왕의 이복형이라고 밝히고 있는 것이다.

이렇게 『일본서기』와 『삼국사기』가 무령왕의 혈통에 대해 다른 이야기를 하고 있기 때문에 시비를 가려줄 필요가 있다. 무령왕릉에서 발굴된 묘지석에 무령왕의 탄생 연도는 462년이라고 했다. 이에 따르면 동성왕이 사망했을 당시 40세이던 무령왕이 동성왕의 둘째 아들이기는 어렵다.

이처럼 『삼국사기』에 나타난 무령왕의 혈통이 틀리다면, 『일본서기』에 나와 있는 무령왕의 탄생 과정을 완전히 무시할 수는 없다는 뜻이 된다. 무령왕의 이름이 '사마'인 것도 그의 탄생 과정과 관련이 있다고 해석한다. 섬에서 태어났다는 뜻으로 '도군(嶋君)'이라는 이름을 붙였고, '도(嶋)'의 일본어 발음이 '세마'이므로 이 발음을 옮기는 과정에서 사마가 되었다는 것이다. 물론 그렇다고 무령왕이 동성왕의 이복형이라는 이야기를 액면 그대로 믿어도 된다는 뜻은 아니다.

동성왕의 뒤를 이어 무령왕이 즉위한 501년 정월에, 동성왕을 살해했던 백가가 가림성에서 반란을 일으켰다. 무령왕은 군사를 이끌고 우두성까지 진출한 다음, 한솔 해명(解明)으로 하여금 토벌하게 했다. 토벌군의 위세에 눌린 백가가 나와 항복했지만, 무령왕은 그의 목을 베어 백강(白江)에 던져버렸다.

백가의 반란을 수습한 뒤인 11월, 무령왕은 달솔 우영(優永)에게 5,000명의 병력을 이끌고 고구려의 수곡성(水谷城)을 습격하도록 했다. 다음 해인 502년(무령왕 2) 봄, 기근이 들어 백성들이 굶주리는 데다가 전염병까지 돌았다. 그럼에도 불구하고 무령왕은 11월에 고구려의 변경을 공략했다.

그런데 다음 해인 503년(무령왕 3)에 백제를 공략해 온 집단은 말갈이었다. 이해 9월, 말갈이 마수책(馬首柵)을 불태우고 고목성(高木城)까지 공격해 왔다. 무령왕은 5,000명의 병력을 동원하여 이 침공을 물리쳤다. 이후 겨울에 얼음이 얼지 않는 이변을 겪었다.

504년(무령왕 4) 10월, 『일본서기』에는 백제가 마나군(麻那君)을 보내어 조공을 바쳤다고 되어 있다. 이때 천황은 백제가 조공을 제대로 바치지 않았다며 마나군을 붙잡아놓고 보내지 않았다고 한다. 물론 이는 『일본서기』에 나타난 일방적인 내용일 뿐이다.

『일본서기』에는 다음 해인 505년(무령왕 5) 4월, 백제에서 사아군(斯我君)을 보내어 다시 조공을 바쳤다고 했다. 그러면서 "작년에 왔던 사신 마나는 백제 왕족이 아니어서 사아를 보내어 조정을 섬깁니다"라고 했다 한다. 사아군에게는 법

사군(法師君)이라는 아들이 있었는데, 왜군(倭君)의 선조라고
소개해놓았다.

506년(무령왕 6) 봄, 또다시 전염병이 크게 돌았다. 여기에
더하여 3월에서 5월까지 비가 오지 않아 가뭄이 들었다. 백
성이 굶주리자 무령왕은 창고를 열어 구휼에 나섰다.

내부의 우환을 수습한 뒤인 7월, 말갈이 또 쳐들어와서
고목성을 함락시켰다. 이때 말갈에 죽거나 사로잡힌 숫자
가 600여 명에 달했다고 한다. 그러자 다음 해인 507년(무령
왕 7), 지난해 말갈의 침공에 당한 피해를 의식한 조치를 취
했다. 5월, 고목성 남쪽에 두 개의 목책을 세우고 장령성(長
嶺城)까지 쌓았던 것이다. 그랬음에도 10월에는 고구려 장수
고로(高老)가 말갈을 이끌고, 한성을 공격하려고 횡악 아래
까지 진군해 왔다. 무령왕은 군대를 보내 이를 격퇴했다.

『일본서기』에는 508년(무령왕 8) 12월, "남해의 탐라인(耽
羅人)이 처음으로 백제국과 통교했다"는 기록이 나온다. 그
런데 『삼국사기』에는 문주왕 2년과 동성왕 20년 등에 탐라
와 관련된 기록이 나오기 때문에 이 내용을 신뢰하기가 어
렵다.

또한 『일본서기』에는 509년(무령왕 9) 2월, 왜에서 백제에
사신을 보냈다고 한다. 그리고 임나의 "백제에서 도망쳐 호
적에서 3·4대(代)째 빠진 일본 현읍(縣邑)의 백제 사람들을

찾아내어 백제 호적으로 옮겨 넣었다"고 한다. 물론 실제로 왜가 이렇게 나서서 백제 좋은 일을 했는지는 의문이다.

510년(무령왕 10) 정월에는 제방을 튼튼하게 하라는 명령을 내리고, 전국[內外]의 놀고먹는 자[游食者]들로 하여금 농사를 짓게 했다. 그리고 512년(무령왕 12) 4월에는 양(梁)나라에 조공 사절을 보냈다. 그런데 『일본서기』에는 뜬금없이 4월 호즈미노오미 오시야마(穗積臣押山)를 백제에 사신으로 보내어 쓰쿠시의 말 40필을 주었다고 되어 있다.

그런 후인 9월, 고구려가 가불성(加弗城)을 습격하여 빼앗고, 원산성(圓山城)까지 함락시켰다. 백제는 이 전투에서 많은 사상자를 내고 물자까지 빼앗겼다. 무령왕은 이에 대응하여 정예 기병 3,000명을 거느리고 위천(葦川)의 북쪽에서 고구려군에 반격을 가했다. 고구려 측에서는 무령왕이 이끌고 온 군사가 적은 것을 보고 만만히 여기다가 무령왕의 전략에 낭패를 당했다고 한다.

가야를 대상으로 한 세력 확장 시도와 분쟁

뒤이은 510년 12월, 『일본서기』에는 횡설수설하는 이야기가 나온다. 백제에서 사신을 보내어 조공을 바치면서 임나의 상다리(上多唎)·하다리(下多唎)·사타(娑陀)·모루(牟婁) 4개 현(縣)을 달라고 요청했다 한다. 그러자 호즈미노오미 오시 야마가 "이 4개의 현은 백제와 가깝고 일본과 멀리 떨어져 있으니 지금 백제에 주어야 한다"고 했고, 오호토모 가나무라(大伴大連金村)도 이에 동의했다. 그래서 왜에서는 모노노 베노 오무라지(物部大連)를 천황의 명령을 선포하는 사신으로 삼았다.

오무라지는 백제 사신에게 천황의 명령을 선포하기 위해 나니와관(難波館)으로 향했다. 그런데 그의 부인이 "옛날에 신(神)이 바다 밖의 나라 고려·백제·신라·임나 등을 뱃속에 있던 오진천황(應神天皇)에게 주겠다고 해서 진구황후와 다케우치노 스쿠네(武內宿禰)가 이 나라들에 관가(官家)를 두어 바다 밖의 번병(蕃屛)으로 삼았습니다. 이런 땅을 떼어서 다른 곳에 주면 비난받을 것입니다"라고 충고했다. 그러자 모노노베노 오무라지는 그 말이 이치에는 맞지만 천황의 명령을 거스를까 두렵다며 난색을 표했다. 그러자 그의 부인은 병이라고 핑계대고 선포하지 말라 했고 오무라지는 그 말에 따랐다. 이 때문에 명령을 전달하는 사신이 바뀌었지만, 4개 현은 백제에 주어졌다.

그런데 다른 일 때문에 이 일에 간여하지 못했던 오에노 미코(大兄皇子)가 뒤늦게 이 사실을 알고 천황의 명령을 번복하려고 마음먹었다. 그래서 천황이 뱃속에 있을 때부터 관가를 두었던 나라를 번국이 요청한다고 경솔하게 주어버릴 수 있느냐며 이를 뒤집으려 했다. 그리고 천황의 명령을 바꾸기 위해 백제 사신에게 히타카노키시(日鷹吉師)를 보냈다.

그러자 사신은 "아버지인 천황의 명령을 아들이 바꾸려 하는 것은 사리에 맞지 않으니 진짜라고 인정할 수 없으며, 진짜라 할지라도 천황의 명령이 우선"이라며 듣지 않았다. 그러면서 "호즈미노오미 오시야마와 오호토모 가나무라가 백제의 뇌물을 받았다"는 소문이 돌았다고 한다.

다음 해인 513년(무령왕 13) 6월, 백제는 호즈미노오미 오시야마가 왜로 돌아갈 때 저미문귀(姐彌文貴) 장군과 주리즉이(州利卽爾) 장군을 딸려 보내며 오경박사 단양이(段楊爾)도 보냈다. 그러면서 "반파국(伴跛國: 대가야)이 기문(己汶)의 땅을 빼앗았으니, 되돌려주게 해달라"고 요청했다 한다.

그리고 『일본서기』에는 이해 8월 초하루 백제 태자 순타(淳陀)가 죽었다고 되어 있다. 한국 역사서에 나오지 않는 백제 태자의 이름이라 암시하는 바가 있다. 그렇지만 백제와 왜 양쪽 역사 서술과 인식에 결정적인 영향을 주는 내용이라 하기는 어렵다.

뒤이은 11월, 왜 조정에서는 백제의 저미문귀 장군과 사라(斯羅: 신라)의 문득지(汶得至), 아라가야(阿羅伽倻)의 신이해

(辛已矣)와 분파위좌(貴巴委佐), 반파의 기전해(旣殿矣)와 죽
문지(竹汶至) 등을 불러놓고 기문과 대사(帶沙) 지역을 백제
에 주겠다고 선포했다 한다. 같은 달 반파국이 집지(戢支)를
보내 진기한 보물을 바치고 기문 땅을 요구했으나 끝내 주
지 않았다고도 한다. 『일본서기』 특유의 왜곡을 감안해보면,
분쟁이 일어난 지역은 왜의 지지와 상관없이 백제의 수중에
들어갔던 것 같다.

왜가 백제 편에 섰던 데 대한 대가야의 반응은 바로 나타
났다. 514년(무령왕 14) 3월, 대가야는 자탄(子呑)과 대사에 성
을 쌓으며 만해(滿奚)와 연결시켰고, 이열비(爾列比)와 마수
비(麻須比)에 성을 쌓아 마차해(麻且奚)와 추봉(推封)을 연결
시켰다. 그리고 봉수대와 군용 창고를 만들어 유사시에 대비
했다. 이러한 전쟁 준비는 백제와 분쟁에 대비한 것이라 보
아야 한다.

그런데 여기서 『일본서기』 기록의 주특기가 또 발휘된다.
이렇게 전쟁을 준비한 대가야가 난데없이 신라를 침략하여
노략질했다 한다. 사실 당시 대가야는 신라와 분쟁을 벌일
상황이 아니었다. 그럼에도 불구하고 이런 내용을 기록해둔
『일본서기』의 의도를 밝혀내는 것도 앞으로의 과제다.

515년(무령왕 15) 2월, 『일본서기』에 백제 사신 문귀 장군
등이 돌아가겠다고 해서 모노노베무라지(物部連:『백제본기』에

는 모노노베노치치노무라지(物部至至連라 나온다고 한다)를 딸려 보냈다는 기록이 나온다. 이때 모노노베무라지는 사도도(沙都嶋)에 도착했을 때, 대가야 측에서 원한을 품고 벼르고 있다는 사실을 전해 들었다. 그랬음에도 그는 수병(水兵) 5백 명을 이끌고 곧바로 대사강(帶沙江)으로 나아갔다. 이에 비해 문귀 장군은 신라를 통해 갔다 한다.

이 결과는 4월에 나타났다고 되어 있다. 모노노베무라지가 대사강에서 6일 동안 머물다가 대가야의 습격을 받았다. 모노노베무라지 일행은 가지고 간 물건을 빼앗기고 막사가 불타자, 목숨만 건져 문모라(汶慕羅)라는 섬으로 도망쳤다.

516년(무령왕 16) 3월 초하루 무진(戊辰)에 일식이 있었다. 『일본서기』에는 이해 5월 백제 측이 목리불마갑배(木刕不麻甲背)를 기문으로 보내 목숨만 간신히 건져 도망한 모노노베무라지를 구조했다고 한다. 이 사건을 외교적으로 왜와 관계를 다질 기회로 여긴 듯, 9월 백제는 모노노베무라지를 위로하고 선물까지 준 다음 주리즉차(州利卽次) 장군의 호위 아래 본국으로 귀환시켜주었다. 이에 더하여 오경박사 한고안무(漢高安茂)를 왜로 파견하여 전에 갔던 단양이와 교대했다.

이 시기 백제가 작막고(灼莫古) 장군과 사나노아비다(斯那奴阿比多)를 보냈는데, 고구려 사신 안정(安定) 등이 따라와 조공을 바치며 우호를 맺었다는 기록도 나온다. 하지만 당시 고구려와 백제의 관계를 보면 고구려 사신이 백제 사신을 따라왔다는 이야기를 액면 그대로 믿기는 곤란하다. 여기에도 어느 부분엔가 『일본서기』 특유의 왜곡이 있을 것으로 짐작된다.

이와 같이 『일본서기』에는 기문과 대사 지역을 둘러싼 분쟁이 몇 년 동안에 걸쳐 일어난 복잡한 사건인 것처럼 기록해놓고 있지만, 실제 사건은 좀 더 단순한 형태였을 가능성이 크다. 이 분쟁에서 백제와 대가야가, 제3자인 왜에 자기네쪽을 지지해달라고 외교전을 벌인 것은 당연하다. 『일본서기』에서는 이 과정을 천황 중심으로 재구성하면서 장황하게 부풀렸다고 할 수 있다. 특히 왜에 땅을 하사해달라고 한 것처럼 왜곡한 흔적이 뚜렷하다.

몇 년 뒤인 521년(무령왕 21) 또 재해가 잇따랐다. 5월에 홍수가 났고, 8월에는 병충해를 입어 곡식 수확에 타격을 받았다. 이 때문에 백성들이 굶주려, 900집이 신라로 도망갔다고 한다.

그래도 이해 11월, 양나라에 조공 사절을 파견했다. 이때 무령왕은 양나라에 보내는 외교문서에 "여러 차례 고구려를 깨뜨려 비로소 [양나라와] 우호를 통했으며, 다시 강한 나라가 되었다"라는 선언을 넣어 보냈다. 백제의 국서를 받은 양에서는 12월, 고조(高祖)가 조서를 내려 무령왕에게 이전까지 주었던 '행도독백제제군사(行都督百濟諸軍事) 진동대장군(鎭東大將軍) 백제왕(百濟王)'에 '사지절(使持節) 도독백제제군사(都督百濟諸軍事) 영동대장군(寧東大將軍)'의 지위를 더해주었다.

522년(무령왕 22) 『삼국사기』 「백제본기」에는, 9월에 왕이 호산(狐山)의 들에서 사냥한 사실과 10월에 "지진이 일어났다"는 간단한 기록만이 나타난다. 그렇지만 실제 이해 가야의 움직임은 심상치 않았다. 왜가 백제 편으로 기울자, 위기를 느낀 대가야는 이해에 신라에 사신을 보내 혼인을 요청했고, 혼사가 이루어졌다. 그러고 나서 대가야 측은 신라의 법흥왕(法興王)을 만나 회담까지 열었다.

다음 해인 523년(무령왕 23)에는 한성과 관련된 조치들이 집중적으로 나타난다. 2월에 무령왕은 한성으로 행차했다. 그리고는 좌평 인우(因友)와 달솔 사오(沙烏) 등에게 명령을 내려 한강 북쪽[漢北] 주·군(州郡)에 사는 15세 이상의 백성을 징발하여 쌍현성(雙峴城)을 쌓게 했다. 이러면서 다음 달인 3월에야 한성에서 돌아왔다. 과거 도읍지 회복을 위해 신경을 쓰고 있었음을 암시해준다. 그렇지만 무령왕은 그 결실을 보지 못하고 이해 5월에 죽었다.

백제왕조실록 1 온조왕~무령왕 편

펴낸날	초판 1쇄 2016년 5월 30일

지은이	이희진
펴낸이	심만수
펴낸곳	(주)살림출판사
출판등록	1989년 11월 1일 제9-210호

주소	경기도 파주시 광인사길 30
전화	031-955-1350 팩스 031-624-1356
홈페이지	http://www.sallimbooks.com
이메일	book@sallimbooks.com

ISBN	978-89-522-3401-8 04080

※ 값은 뒤표지에 있습니다.
※ 잘못 만들어진 책은 구입하신 서점에서 바꾸어 드립니다.

이 도서의 국립중앙도서관 출판시도서목록(CIP)은 서지정보유통지원시스템 홈페이지
(http://seoji.nl.go.kr)와 국가자료공동목록시스템(http://www.nl.go.kr/kolisnet)에서
이용하실 수 있습니다.(CIP제어번호: CIP2016011496)

조선을 창업한 제1대 왕 태조부터
제27대 왕 비운의 순종까지,
역대 27명 왕들의 계보와 업적을 중심으로
조선 왕조 500년의 방대한 역사가 펼쳐진다.

조선왕조실록 제1권~제6권

085 책과 세계

강유원(철학자)

책이라는 텍스트는 본래 세계라는 맥락에서 생겨났다. 인류가 남긴 고전의 중요성은 바로 우리가 가 볼 수 없는 세계를 글자라는 매개를 통해서 우리에게 생생하게 전해 주는 것이다. 이 책은 역사라는 시간과 지상이라고 하는 공간 속에 나타났던 텍스트를 통해 고전에 담겨진 사회와 사상을 드러내려 한다.

056 중국의 고구려사 왜곡   eBook

최광식(고려대 한국사학과 교수)

중국의 고구려사 왜곡의 숨은 의도와 논리, 그리고 우리의 대응 방안을 다뤘다. 저자는 동북공정이 국가 차원에서 진행되는 정치적 프로젝트임을 치밀하게 증언한다. 경제적 목적과 영토 확장의 이해관계 등이 복잡하게 얽혀 있는 동북공정의 진정한 배경에 대한 설명, 고구려의 역사적 정체성에 대한 문제, 고구려사 왜곡에 대한 우리의 대처방법 등이 소개된다.

291 프랑스 혁명   eBook

서정복(충남대 사학과 교수)

프랑스 혁명은 시민혁명의 모델이자 근대 시민국가 탄생의 상징이지만, 그 실상을 아는 사람은 많지 않다. 프랑스 혁명이 바스티유 습격 이전에 이미 시작되었으며, 자유와 평등 그리고 공화정의 꽃을 피기 위해 너무 많은 피를 흘렸고, 혁명의 과정에서 해방과 공포가 엇갈리고 있었다는 등의 이야기를 통해 프랑스 혁명의 실상을 소개한다.

139 신용하 교수의 독도 이야기   eBook

신용하(백범학술원 원장)

사학계의 원로이자 독도 관련 연구의 대가인 신용하 교수가 일본의 독도 영토 편입문제를 걱정하며 일반 독자가 읽기 쉽게 쓴 책. 저자는 역사적으로나 국제법상으로 실효적 점유상으로나, 어느 측면에서 보아도 독도는 명백하게 우리 땅이라고 주장하며 여러 가지 역사적인 자료를 제시한다.

144 페르시아 문화

eBook

신규섭(한국외대 연구교수)

인류 최초 문명의 뿌리에서 뻗어 나와 아랍을 넘어 중국, 인도와 파키스탄, 심지어 그리스에까지 흔적을 남긴 페르시아 문화에 대한 개론서. 이 책은 오랫동안 베일에 가려 있던 페르시아 문명을 소개하여 이슬람에 대한 편견과 오해를 바로 잡는다. 이태백이 이란계였다는 사실, 돈황과 서역, 이란의 현대 문화 등이 서술된다.

086 유럽왕실의 탄생

김현수(단국대 역사학과 교수)

인류에게 '예술과 문명' 그리고 '근대와 국가'라는 개념을 선사한 유럽왕실. 유럽왕실의 탄생배경과 그 정체성은 무엇인가? 이 책은 게르만의 한 종족인 프랑크족과 메로빙거 왕조, 프랑스의 카페 왕조, 독일의 작센 왕조, 잉글랜드의 웨섹스 왕조 등 수많은 왕조의 출현과 쇠퇴를 통해 유럽 역사의 변천을 소개한다.

016 이슬람 문화

이희수(한양대 문화인류학과 교수)

이슬람교와 무슬림의 삶, 테러와 팔레스타인 문제 등 이슬람 문화 전반을 다룬 책. 저자는 그들의 멋과 가치관을 흥미롭게 설명하면서 한편으로 오해와 편견에 사로잡혀 있던 시각의 일대 전환을 요구한다. 이슬람교와 기독교의 관계, 무슬림의 삶과 낭만, 이슬람 원리주의와 지하드의 실상, 팔레스타인 분할 과정 등의 내용이 소개된다.

100 여행 이야기

eBook

이진홍(한국외대 강사)

이 책은 여행의 본질 위를 '길거리의 철학자'처럼 편안하게 소요한다. 먼저 여행의 역사를 더듬어 봄으로써 여행이 어떻게 인류 역사의 형성과 같이해 왔는지를 생각하고, 다음으로 여행의 사회학적 · 심리학적 의미를 추적함으로써 여행에 어떤 의미를 부여할 것인가에 대해 말한다. 또한 우리의 내면과 여행의 관계 정의를 시도한다.

293 문화대혁명 중국 현대사의 트라우마   `eBook`

백승욱(중앙대 사회학과 교수)

중국의 문화대혁명은 한두 줄의 정부 공식 입장을 통해 정리될 수 없는 중대한 사건이다. 20세기 중국의 모든 모순은 사실 문화대혁명 시기에 집약되어 있다고 해도 과언이 아니다. 사회주의 시기의 국가 · 당 · 대중의 모순이라는 문제의 복판에서 문화대혁명을 다시 읽을 필요가 있는 지금, 이 책은 문화대혁명에 대한 안내자가 될 것이다.

174 정치의 원형을 찾아서   `eBook`

최자영(부산외국어대학교 HK교수)

인류가 걸어온 모든 정치체제들을 매우 짧은 기간 동안 시험하고 정비한 나라, 그리스. 이 책은 과두정, 민주정, 참주정 등 고대 그리스의 정치사를 추적하고, 정치가들의 파란만장한 일화 등을 소개하고 있다. 특히 이 책의 저자는 아테네인들이 추구했던 정치방법이 오늘 우리 사회가 당면한 문제를 해결할 수 있는 지혜의 발견에 도움을 줄 수 있을 것이라고 말한다.

420 위대한 도서관 건축순례   `eBook`

최정태(부산대학교 명예교수)

이 책은 도서관의 건축을 중심으로 다룬 일종의 기행문이다. 고대 도서관에서부터 21세기에 완공된 최첨단 도서관까지, 필자는 가능한 많은 도서관을 직접 찾아보려고 애썼다. 미처 방문하지 못한 도서관에 대해서는 문헌과 그림 등 가능한 많은 정보를 수집하려 노력했다. 필자의 단상들을 함께 읽는 동안 우리 사회에서 도서관이 차지하는 의미에 대해 다시 생각하게 된다.

421 아름다운 도서관 오디세이   `eBook`

최정태(부산대학교 명예교수)

이 책은 문헌정보학과에서 자료 조직을 공부하고 평생을 도서관에 몸담았던 한 도서관 애찬가의 고백이다. 필자는 퇴임 후 지금까지 도서관을 돌아다니면서 직접 보고 배운 것이 40여 년 동안 강단과 현장에서 보고 얻은 이야기보다 훨씬 많았다고 말한다. '세계 도서관 여행 가이드'라 불러도 손색없을 만큼 풍부하고 다채로운 내용이 이 한 권에 담겼다.

역사 · 문명

eBook 표시가 되어있는 도서는 전자책으로 구매가 가능합니다.

(주)살림출판사
www.sallimbooks.com
주소 경기도 파주시 문발동 522-1 | 전화 031-955-1350 | 팩스 031-955-1355